DIGITAL lifeguide

Manfred Schwarz

WINDOWS LIVE®

So nutzen Sie die kostenlosen Online-Dienste optimal und überall

www.digital-lifeguide.de
www.hanser.de

HANSER

INHALTSVERZEICHNIS

VORWORT 6

1 DER NAHELIEGENDE WEG IN DIE CLOUD: WINDOWS LIVE 8

Das Konzept des Rechnens in der Wolke 8
Daten-Autobahn für zwei Verkehrsrichtungen . . 9
Das kostenlose Angebot von Microsoft: Windows Live 10
Grundlegendes zur Cloud 12
Was bringt Cloud-Computing? 12
Und wie sicher ist die Cloud? 13
Vor- und Nachteile von Cloud-Computing im Überblick 14
Tipps zur Sicherheit in der Cloud 15
Windows Live Essentials und Web Services . . . 16
Die Windows Live Essential im Überblick . . . 17
Systemanforderungen Windows Live Essentials für Windows 7 und Vista 18
Windows Live Essentials für Mac 8.0.1 19
Live Essentials herunterladen und installieren . 19
Der passende Browser: Internet Explorer 9 . . . 21
Praktisch: die Bing Bar 22
Hilfe! 23
Alle Wege führen zu Windows Live 25
Jetzt geht es los! 25

2 KOSTENLOS UND IN DER CLOUD: IHR ONLINE-SPEICHER SKYDRIVE . . . 26

Ihr Schlüssel zur Onlinewelt 26
Windows Live ID einrichten 27
Das Profil einrichten 28
Ihr Online-Speicher: SkyDrive 31
Viel Platz für Office-Dokumente und Fotos . . . 31
Neue Ordner anlegen und Dateien ablegen . . 33
Herunterladen von Dokumenten 34
Markierungen hinzufügen 35
Anderen Zugriff gewähren 36
Große Dateien zippen 37
Schneller Zugriff auf SkyDrive 37
SkyDrive-Website in der Taskleiste fixieren . . 37
Cloud Desktop von Gladinet 38
Bereit fürs Cloud-Computing 39

3 AB GEHT DIE POST: WINDOWS LIVE MAIL UND HOTMAIL . 40

Windows Live Mail und Hotmail im Überblick . . 40
Konten und Kontakte 41
Hotmail starten 41
Mail-Konten hinzu 41
Kontakte einbinden 43
Mails schreiben 45
E-Mails individualisieren 46

Hotmail-Grüße verschicken 46
Hotmail hat noch mehr zu bieten 47
Ansicht des Posteingangs ändern 47
Umgang mit Junk-E-Mail 48
Schnellansichten wählen 49
In Hotmail chatten. 49
Anlagen einfügen 49
Windows Live Mail. 50
Live Mail starten und Konten einrichten 51
War noch was? 53

4 TERMINE IM GRIFF: WINDOWS LIVE KALENDER 54

Das Kalender-Duo 54
Arbeiten mit Terminen und Erinnerungen 55
Hinzufügen eines Termins 56
Einladen von Freunden zu einem Termin. . . . 56
Nachverfolgen von Geburtstagen 57
Kalendererinnerungen erhalten 58
Arbeiten mit mehreren Kalendern. 58
Importieren eines Kalenders. 59
Kalender hinzufügen. 59
Abonnieren eines öffentlichen Kalenders . . . 60
Freigeben von Kalendern für anderen Personen 61
Noch mehr gemeinsam tun 63

5 IMMER NAH DRAN: WINDOWS LIVE MESSENGER 64

Die Kommunikationszentrale 64
Messenger-Basics: Chatten und viel mehr . . . 66
Messenger beenden. 67
Eine Unterhaltung starten 68
Fokus: Eine Videounterhaltung starten 68
Einen Gruppen-Chat starten. 69
Gemeinsam Fotos anschauen 70
Dateien senden 71
Integration sozialer Netze 71
Im Messenger spielen 73
Den Messenger persönlich gestalten 74
Hinzufügen eines Anzeigebildes, eines Videos oder einer dynamischen Anzeige 74
Ändern eines Designs 75
Vollbild- und Kompaktansicht 76
Aktualisieren Ihres Profils 77
Viele Möglichkeiten 77

6 DAS DIGITALE-FOTOALBUM UND -STUDIO: WINDOWS LIVE FOTOGALERIE 78

Windows Live Fotogalerie im Überblick 78
Fotos für das Web aufbereiten 79
Fotos im Web veröffentlichen 82
Andere zur Betrachtung der Fotos einladen . . 84
Fotos auf Flickr veröffentlichen 87
Anzeigen von Markierungen und Bildtiteln . . . 89
Noch mehr Möglichkeiten 91
Und die bewegten Bilder? 91

7 UND BITTE! – FILME BEARBEITEN MIT WINDOWS LIVE MOVIE MAKER . . 92

Windows Live Movie Maker im Überblick 92
Ein Videoprojekt umsetzen 93
Rohmaterial importieren. 94
Rohmaterial direkt vom Aufnahmegerät importieren 97
Material trimmen und schneiden 97
Reihenfolge der Clips ändern 98
Übergänge definieren 99
Titel und Abspann hinzufügen 100
Projekt speichern 102
Film exportieren. 103
Den fertigen Film anschauen 104
Fotos mit Bewegung: eine Diashow erstellen . .105
Bilder für die Show auswählen. 105
Fokus: Seitenverhältnis 106
Bilder in die richtige Reihenfolge bringen . . .106
Design und Musik auswählen 106
Musik bearbeiten 108
Vor- und Abspann einrichten 108
Die Diashow exportieren 109
Zeit für einen Schnitt 111

8 ALLES AUF DEM LAUFENDEN: MIT WINDOWS LIVE MESH DATEN SYNCHRONISIEREN. 112

Synchronisieren von Ordnern zwischen PCs . .113
Daten einrichten. 114
Einen Ordner synchronisieren 114
Synchronisierte Ordner verschieben oder löschen 115
Synchronisieren Ihrer Programmeinstellungen.117
Herstellen einer Remote-Verbindung per Computer 117
Dateien oder Ordner zwischen Computern kopieren. 120
Ein mächtiges Werkzeug. 121
Lust auf noch mehr Möglichkeiten? 121

9 DAS ENTFESSELTE BÜRO: WINDOWS LIVE MOBILE UND OFFICE WEB APPS . . . 122

Die mobilen Angebote von Windows Live 122
Zugriff auf Windows Live über Ihren Handy-Browser 123
Zusammenspiel von Windows Live und Smartphones 124
Beispiel: Hotmail-Konto auf Windows Phone 7 einrichten 125
Fokus: Wiederfinden eines verlorenen Windows-Phone-7-Handys. 126
Messenger für Smartphones 126
Den Messenger auf dem Handy nutzen 126
Die Alternative: Windows Live Webmessenger .127
Office Web Apps im Überblick. 128
Nahtlose Zusammenarbeit mit Office 129
Word-Dateien erstellen und direkt auf SkyDrive ablegen 129
Fokus: Office 2003 fit für das Web machen . .131
Die Registerkarten und ihre Möglichkeiten. . .132
Vom Browser aus drucken 134
Arbeiten mit Excel-Dokumenten. 134
Arbeiten mit PowerPoint-Präsentationen 136
Arbeiten mit OneNote 138

Verwenden der Office Web Apps auf Ihrem Smartphone 140
Noch mehr Möglichkeiten 141

10 DA GEHT NOCH MEHR: FAMILY SAFETY, WRITER & WINDOWS LIVE GRUPPEN 142

Windows Live Family Safety 142
Das Einrichten 144
Beispiel Websites blockieren 145
Beispiel Zeitlimits einrichten. 147
Beispiel Spieleinschränkungen 148
Der Windows Live Messenger für Kids 149
Ideal für Blogger: Windows Live Writer 150
Einrichten eines Blogs 150
Viele Möglichkeiten 151
Windows Live Gruppen 153
Eine Gruppe einrichten 154
Jede Menge Möglichkeiten für Gruppen 154
Viel Spaß beim Cloud-Computing!. 155

ANHANG 156

Glossar 156
Index. 158
Impressum. .160

VORWORT

Sie möchten Fotos, Filme und andere Dokumente auf einem Datenspeicher im Internet ablegen? Und Sie möchten E-Mail- und Facebook-Kontakte pflegen, von jedem Gerät, immer und überall auf Ihre Daten zugreifen, Fotos bearbeiten und veröffentlichen und vieles mehr? Dann ist Windows Live Ihr Sprungbrett in die „Cloud".

Wie Sie mit Windows 7 und Windows Live, mit PC und Smartphone alle Möglichkeiten des Cloud-Computing, des „Rechnens in der Wolke" ausschöpfen, lesen Sie in diesem DIGITAL*lifeguide*.

Wie dieses Buch „funktioniert"

In zehn Kapiteln lernen Sie anschaulich, praxisnah und in nachvollziehbaren Schritten die verschiedenen Aspekte des Digital Lifestyle und des Arbeitens mit den Windows-Live-Angeboten kennen.

Da Microsoft Windows 7 ein grundlegender Pfeiler im Windows-Live-Konzept ist, basiert dieses Buch im Wesentlichen auf diesem Betriebssystem. Aber auch Apple und Smartphones werden berücksichtigt. Wann immer möglich, werden deutschsprachige und kostenlose Programme und Angebote genutzt. Als Webbrowser dient für die meisten Abbildungen der Internet Explorer 9. Um Funktionen und Möglichkeiten rund um Windows Live zu zeigen, wurden erprobte Software und Hardware benutzt, die im Gebrauch der Autoren sind oder sich in Tests von Zeitschriften wie **c't magazin für computertechnik**, **COMPUTERBILD** oder **test** hervorgetan haben. Das bedeutet jedoch nicht, dass die vorgestellten Möglichkeiten nur mit den verwendeten Produkten möglich sind.

Die URL-Box, der QR-Code und die Website zum Buch

Alle in einem der zehn Kapitel angeführten URLs zu interessanten Inhalten im Internet werden jeweils in einer URL-Box zusam-

URL

Links zur Website des Buches und zu QR-Readern wie i-nigma & Co.:
- www.digital-lifeguide.de/windowslive
- www.i-nigma.mobi
- www.mobile-barcodes.com/qr-code-software/#quickmark

mengefasst. Sie können die Adressen entweder per Hand in Ihren Browser eintippen, oder Sie steuern die Website **www.digital-lifeguide.de/windowslive** an und geben dort als Suchbegriffe „Windows Live“ und die jeweilige Seitenzahl der URL-Box im Buch ein. Dort finden Sie dann alle Adressen und brauchen sie nur noch anzuklicken, um zum gewünschten Ziel zu gelangen. Außerdem gibt es dort aktuelle Ergänzungen zum Buch. Diese URLs zu den Inhalten jedes einzelnen Kapitels können Sie auch über den QR-Code am Rand der URL-Box direkt in Ihr Handy oder Smartphone laden. Der QR-Code (QR steht für „quick response“ = schnelle Antwort) ist zweidimensional und besteht aus einem Quadrat aus schwarzen und weißen Punkten, die die codierten Daten der URL darstellen. Für Computer und Smartphones mit Kamera gibt es Software, die mit einer Kamera aufgenommene QR-Codes decodieren kann. Eine URL zu einem solchen Programm finden Sie links in der URL-Box.

Andere Boxen und die Web-Tags

Außerdem finden Sie weitere Boxen mit praxisnahen Tipps, interessanten und amüsanten Zusatzinformationen sowie Ratschlägen, wann Sie Vorsicht walten lassen sollten und wo und wie Sie Zeit und Geld sparen können. Die Web-Tag-Wolke am Ende jedes Kapitels zeigt Ihnen ein paar Ideen auf, unter welchen Stichworten Sie zum Beispiel in der Internet-Suchmaschine zum Kapitelthema weitersuchen können.

Sind Sie bereit fürs Cloud-Computing?

Der Autor wünscht Ihnen viel Spaß beim Lesen und Ausprobieren!

PS: Wenn Sie Anregungen oder Wünsche zu den DIGITAL*lifeguides* haben, freuen wir uns über eine E-Mail an digital-lifeguide@hanser.de.

Manfred Schwarz hat als Autor mehr als 50 Bücher entwickelt und realisiert, unter anderem für Gräfe und Unzer, Eichborn, Ravensburger und Microsoft Press. Als Coach und Trainer liegt sein Fokus auf den Bereichen Kommunikation und Führungskräfteentwicklung. Er ist Herausgeber der DIGITAL*lifeguides*.

DER NAHELIEGENDE WEG IN DIE CLOUD: WINDOWS LIVE

Heute sind in vielen Haushalten bereits mehrere Rechner wie Desktop-PCs, Notebooks oder Netbooks im Einsatz. Dazu kommen Smartphones und Tablet-PCs. So rückt die Organisation der Computer-Nutzung mehr und mehr in den Vordergrund:

- Wie behält man über alle Ordner mit persönlichen Daten wie Fotos, Office-Dokumenten, Musik oder Filmen den Überblick?
- Wie kann man sicherstellen, dass man diese Daten jederzeit und am besten auf allen Rechnern nutzen kann?
- Und wie sorgt man dafür, dass die Ordner mit den persönlichen Daten auf allen Rechern synchron sind?

Am PC und anderen Rechnern gut organisiert zu sein, bedeutet eben auch, wichtige Daten und Informationen jederzeit bei Bedarf zur Hand zu haben.

Eine noch vor wenigen Jahren kaum vorstellbare, inzwischen aber boomende Lösung heißt: Das Internet als Datenspeicher nutzen.

Das Konzept des Rechnens in der Wolke

Der Oberbegriff für solche Technologien, die Funktionen und Speicherplatz in einem Netzwerk zur Verfügung stellen, lautet **„Cloud-Computing“** – Rechnen in der Wolke.

URL

Hier finden Sie Windows Live:

- www.windowslive.de

Hier gibt es die Downloads:

- www.windowslive.de/Download/windows-live-download.aspx
- www.windowslive.de/Download/ie9-optimiert-fuer-windows-live.aspx

Hier steht man Ihnen mit Rat zur Seite:

- www.windowslive.de/Blog
- www.windowslive.de/Scouts
- windowslivehelp.com

Das ist die URL zum Blog dieses Buches:

- www.digital-lifeguide.de/windowslive

Vereinfacht gesagt steckt dahinter folgendes Konzept: Ein Teil der IT-Technik (zum Beispiel Hardware wie Rechenzentrum und Datenspeicher sowie Software) steht nicht bei Ihnen zu Hause oder in Ihrem Betrieb, sondern wird bei einem Anbieter als Dienst gemietet oder sogar kostenlos genutzt. Dieser Anbieter kann an jedem beliebigen Ort sitzen, sofern er über einen Netzzugang verfügt. Denn der Zugriff auf die entfernten Systeme erfolgt über ein Netzwerk, meist das Internet.

Die Anwendungen und Daten befinden sich dann nicht mehr auf Ihrem PC zu Hause oder in einem Firmenrechenzentrum, sondern eben im Internet.

Wenn IT-Experten dies grafisch darstellen, zum Beispiel in einem Netzwerkdiagramm, verwenden sie zur Darstellung des Internets häufig das Symbol einer abstrahierten Wolke. So ist „Cloud“, das englische Wort für Wolke, zu einem DER IT-Begriffe unserer Zeit avanciert.

Daten-Autobahn für zwei Verkehrsrichtungen

Die Cloud ist also kein einzelnes Produkt. Es ist ein Sammelbegriff für eine Vielzahl an Möglichkeiten, die sich durch die Verbindung mit dem Internet ergeben. Generell bedeutet das Arbeiten in der Cloud also, dass Sie bei dem, was Sie tun, irgendwie das Internet als Datenwolke mit einbeziehen.

Dabei ist Cloud-Computing keine Einbahnstraße, sondern funktioniert wie eine Autobahn in beide Richtungen: Sie können Dinge in Ihrer Cloud, Ihrem Online-Speicher, ablegen (etwa eigene Dateien), oder aus Ihrer Cloud Dinge herunterladen. Ein typischer Anwendungsfall dafür ist die Verwaltung und Präsentation von Videos oder auch

Links zum Thema Sicherheit und weitere Hintergründe:

- windows.microsoft.com/de-de/windows/cloud
- www.spiegel.de/netzwelt/web/0,1518,759711,00.html
- www.spiegel.de/netzwelt/web/0,1518,779166,00.html
- http://search.pressetext.com/news/20110621023
- www.spiegel.de/netzwelt/web/0,1518,771740,00.html
- www.spiegel.de/netzwelt/web/0,1518,783446,00.html
- www.zeit.de/digital/internet/2011-05/cloud-vint-cerf
- www.spiegel.de/netzwelt/web/0,1518,753765,00.html
- www.onwindows.com/Articles/Microsoft-stands-out-in-the-cloud/5655/Default.aspx

URL

Fotos in Online-Fotoalben. Hier gibt es einige kostenlose Dienste, die zudem noch einen entscheidenden Mehrwert bieten: Die Möglichkeit, Fotos oder Alben zum Beispiel für Freunde, Bekannte und Verwandte freizugeben sowie die zum Teil beachtlichen Bildbearbeitungsfunktionen.

Eine Voraussetzung für das Cloud-Computing ist, wie gesagt, ein Internet-Zugang, und zwar einer mit Übertragungsraten in DSL-Geschwindigkeit. Die Übertragungsraten der Internet-Verbindungen sind heute in der Regel (wenn auch leider noch nicht überall) ausreichend hoch, dass selbst die Online-Verwaltung großer Datenmengen kein Problem darstellt.

Das kostenlose Angebot von Microsoft: Windows Live

In diesem Buch dreht sich alles um die kostenlosen Cloud-Angebote von Microsoft, die unter dem Namen **Windows Live** (Bild 1.1) angeboten werden und die auf das Zusammenspiel mit dem Betriebssystem Windows 7 zugeschnitten sind (Bild 1.2). Das heißt aber, dass die eine oder andere Cloud-Lösung von Microsoft nicht auch für Mac und Smartphone nutzbar sind. Davon später mehr.

Zur ersten Orientierung ein Blick auf die Programme und Angebote für Privatanwender rund um das Cloud-Computing aus dem Hause Microsoft:

- Sie können Dateien – wie Fotos, Videos, Musik, Dokumente (Bild 1.3) usw. – kostenlos und sicher verschlüsselt in Ihrem privaten Speicherplatz in der Cloud, bei SkyDrive, ablegen. Die Beschränkung auf lokale Festplatte, USB-Stick & Co. entfällt.
- Mit der Windows Live Fotogalerie können Sie Fotos bearbeiten, in der Cloud ablegen und für Freunde und Bekannte bei Facebook, Flickr und anderen Netzwerken freigeben.

Bild 1.1 Das Windows-Live-Logo

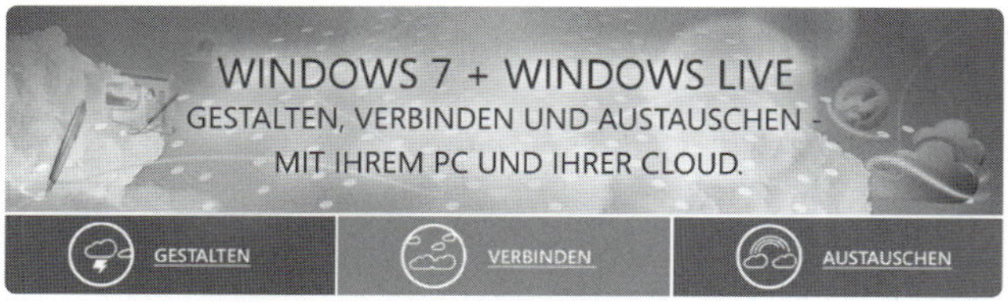

Bild 1.2 Microsoft Cloud-Konzept

- Selbst erstellte Videos lassen sich mit wenigen Klicks direkt aus dem Windows-Live-Videobearbeitungsprogramm Movie Maker bei YouTube hochladen und veröffentlichen.
- Mit Windows Live Messenger erfahren Sie alle Neuigkeiten aus Ihren sozialen Netzwerken – auch ohne sich eigens über Ihren Browser dort anzumelden.
- Wenn Sie auf mehreren Rechnern dieselben Daten abspeichern wollen, so brauchen Sie das nicht länger durch Hin- und Herkopieren manuell durchführen. Mit Windows Live Mesh können Sie Dateien sowohl in Ihrer persönlichen Cloud und automatisch auf andere PCs übertragen lassen.
- Word-, Excel- und PowerPoint-Dokumente lassen sich aus Microsoft Office 2010 auch direkt in Ihrer Cloud abspeichern. Dank den Office Web Apps können Sie die gewohnten Office-Programme in abgespeckter Version sogar über das Internet öffnen und bearbeiten – kostenlos und ohne überhaupt ein installiertes Office-Paket auf dem eigenen Rechner zu haben.

All die Programme und Dienste von Windows Live erweitern Ihre Möglichkeiten. Ihre Cloud ist also ein Gesamtkonzept und mehr als nur die Nutzung von Windows oder den Angeboten von Windows Live. Es ist das Zusammenspiel aller Windows-basierenden Komponenten mithilfe des Internets.

Alles greift via Internet ineinander, ist miteinander verknüpft und vernetzt: der PC mit Windows 7, das Windows Phone 7, die Windows Live Services und andere soziale Netzwerke. Basis ist immer Ihr PC mit Windows 7.

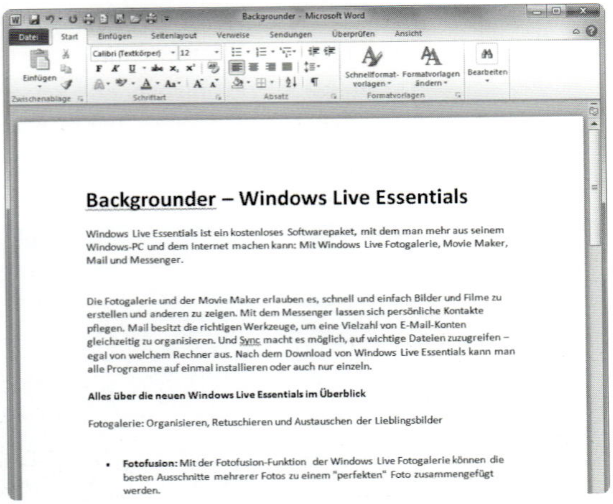

Bild 1.3 Die Idee: Texte am PC und in der Cloud bearbeiten

Grundlegendes zur Cloud

Bevor wir näher auf Windows Live eingehen, sind ein paar grundlegende Überlegungen wichtig – vor allem auch zur Sicherheit.

Was bringt Cloud-Computing?

Der grundlegende Vorteil des Arbeitens in und mit der Cloud: Egal, wo Sie sich gerade befinden, Sie haben immer und überall Zugriff auf Ihre Daten wie Dokumente, Präsentationen,

THEMA Internet
Alle Artikel und Hintergründe

VERWANDTE THEMEN
Cloud Computing
ALLE THEMENSEITEN

STICHWORT: CLOUD COMPUTING
Prinzip | Anbieter | Business-Funktionen

Das Endgerät ist beim Cloud Computing nur ein Fenster auf einen stets aktuellen Datenbestand. Wer am Rechner einen Termin einträgt, sieht ihn später auch beim Blick in den Handy-Kalender, wer mobil einen Kontakt einträgt, kann ihn später am PC abrufen - immer nur online, versteht sich. Das Gleiche gilt für Adressbücher, E-Mails, online abgelegte Fotos, Dokumente und so weiter.

MEHR AUF SPIEGEL ONLINE

Kamera-Apps: Bitte recht retro (09.04.2011)

Online-Ablagesysteme: Die Überall-Notizen im Netz (28.08.2010)

Netz-Strategie: Google will die Weltherrschaft (08.12.2009)

Amazons Web-Festplatte: Die Gigabyte-Preise purzeln (29.03.2011)

10.04.2011 Drucken | Senden | Feedback | Merken

Lebenserleichternde Apps

Packen Sie Ihren Krempel in die Wolke!

Von Tom Hillenbrand

DPA
Wolkenformation, Antenne: Cloud Apps sparen cerebralen Speicherplatz

Das Internet macht aus uns keine besseren Menschen - aber zumindest welche, die nicht andauernd wichtige Unterlagen verschlampen. Wer Apps und Web-Dienste richtig nutzt, spart eine Menge Zeit und gewinnt Lebensqualität.

Bild 1.4 Cloud-Computing liegt im Trend

Fotos etc. Sie können diese zudem mit anderen gemeinsam nutzen, bearbeiten und austauschen und bleiben auch jederzeit und überall mit Freunden und Familie in Kontakt.

Da in der Cloud angebotene Anwendungen und dort abgelegte Daten auf zahlreiche Rechnerzentren verteilt sind, ist sichergestellt, dass beim Ausfall eines Servers immer ein anderer dessen Rolle übernehmen kann.

Außerdem müssen Sie sich beim Cloud-Computing nicht darum kümmern, ob Ihr Cloud-Dienst aktuell ist oder ob Sie Updates beziehen müssen. Das erledigt Ihr Anbieter für Sie. Neue Technologien werden schrittweise eingebunden, so dass das gesamte System ständig leistungsfähiger wird. Ein weiterer Vorteil bei vielen Cloud-Angeboten für Privatanwender: Sie sind kostenlos – so wie die in diesem Buch beschriebenen Windows-Live-Produkte und -Services. Einzig und allein Windows 7 als Basis kostet etwas. Kein Wunder also, dass die Cloud im Trend liegt (Bild 1.4).

Und wie sicher ist die Cloud?

Anbieter wie Microsoft versprechen in der Regel, dass für ihre Cloud-Dienste strenge Datenschutzbestimmungen gelten, die den Anwendern volle Sicherheit und einen umfassenden Schutz der Privatsphäre ge-

> **VORSICHT**
>
> Handfeste rechtliche Probleme treten vor allem dann auf, wenn Sie Daten Dritter aus Ihren Händen in die des Cloud-Anbieters geben. Mehr zu diesem heiklen Thema lesen Sie unter dieser URL **www.spiegel.de/netzwelt/web/0,1518,783446,00.html** (Bild 1.6). Denn nur wenn die Verarbeitung und Speicherung „ausschließlich für persönliche oder familiäre Tätigkeiten" erfolgt, drückt laut diesem Bericht das Bundesdatenschutzgesetzes (BDSG) ein Auge zu. Aus rechtlicher Sicht spricht demnach nichts dagegen, eine Liste mit den Geburtstagen von Freunden oder Adressen für die Urlaubskarten in einem gemeinsamen Online-Speicher abzulegen.

währleisten. Welche Inhalte aus der eigenen Cloud für andere sichtbar sein sollen, das legen Sie selbst fest: Nur wer eine Berechtigung von Ihnen als Besitzer der Daten erhält, kann auch auf Ihre Daten zugreifen. Zudem ist der Datentransfer in den Online-Speicher bei Windows Live per SSL (Secure Sockets Layer) verschlüsselt.

Doch bei all diesen Standards und den vielen Möglichkeiten: Die Cloud – von welchem Anbieter auch immer – birgt auch Risiken und Probleme.

Netzwelt-Ticker

Blitzeinschlag legt Amazon- und Microsoft-Server lahm

Von Carolin Neumann

DPA

Blitzeinschlag (Symbolbild): Server mehrere Stunden offline

Bild 1.5 Cloud-Computing birgt aber auch Risiken

So verlockend sich die Möglichkeiten des Cloud-Computing anhören, darf man dessen Risiken nicht außer Acht lassen. So verlor Amazon bei einem Crash von Cloud-Servern Kundendaten. Und im August 2011 sind in Irland die Cloud-Server von Amazon und Microsoft ausgefallen. Es gab einen Stromausfall, und die Notstromaggregate funktionierten ebenfalls nicht mehr richtig (Bild 1.5). Ob dabei Daten verloren gingen, wurde nicht klar.

Ein anderes Beispiel: Bei Dropbox, einem Anbieter von Online-Festplatten, ist es zu einer Sicherheitspanne gekommen. So war es nach einem fehlerhaften Software-Update zeitweise möglich, ohne das entsprechende Passwort auf Konten und Daten zuzugreifen. Dieser Fall unterstreicht, wie abhängig viele Online-Dienste von einer einfachen Passwortsicherung sind.

Sicherheitsexperten warnen, dass die Authentifizierung bei Cloud-Diensten das Hauptproblem ist. Denn egal ob Dropbox, Google, Apple, Amazon oder Microsoft – jede einfache Zugangssicherung ist auch einfach angreifbar. Wenn etwa ein Hacker ein Passwort stiehlt, hat er Zugriff auf das Konto wie im Fall der Dropbox-Fehlfunktion – nur, dass dies dem Dienstanbieter meist nicht auffallen wird.

Beim Thema Sicherheit und Datenschutz spielt noch ein anderer Aspekt eine wichtige Rolle. Der Spiegel berichtete, dass US-Behörden theoretisch auf die Daten europäischer Cloud-Kunden zugreifen könnten. Grundlage hierfür sei der US Patriot Act, ein Gesetz, das US-Behörden zur Terrorbekämpfung weitreichende Rechte einräumt. So könnten

US-Unternehmen wie Microsoft nicht garantieren, dass in der EU gespeicherte Daten im europäischen Wirtschaftsraum bleiben. Alle Daten, die bei einer US-Firma gelagert, gespeichert oder verarbeitet werden, können von US-Behörden abgefangen und untersucht werden - egal, in welchem Teil der Welt sie in einem Datenzentrum abgelegt sind.

Vor- und Nachteile von Cloud-Computing im Überblick

Ob Sie Ihre Daten dem Web anvertrauen möchten, müssen Sie letztlich selbst entscheiden. Als Entscheidungshilfe hier die wichtigsten Pro- und Contra-Argumente.
Für Cloud-Computing spricht:

- Datenzugriff von jedem Gerät mit Internet-Zugang, auch von mobilen PCs oder Smartphones
- Gezielte Freigabe von Dateien oder Ordnern für Datenaustausch und Zusammenarbeit
- Datensicherheit durch automatische Backup-Verfahren beim Anbieter
- Synchronisierung zweier PCs durch automatischen Abgleich der lokalen Ordner mit dem Online-Ordner
- Datensicherung und -wiederherstellung; je nach Angebot ausreichender Speicherplatz für umfangreiche Sicherungen, teilweise können gezielt ältere Dateiversionen wiederhergestellt werden

Cloud-Dienste

Datenschutz in der Wolke

Von Joerg Heidrich

Fotos

Cloud-Speicherdienste sind praktisch - doch es lauern Fallstricke. Ob Google Mail oder Dropbox: Welche rechtlichen Probleme insbesondere bei der geschäftlichen Nutzung solcher Dienste entstehen, analysiert das Fachmagazin "c't kompakt Security".

Tweet Empfehlen 49

Auch wenn kleine Unternehmen und Privatpersonen nicht so sehr im Visier der offiziellen Datenschützer stehen: Je öfter sie auf Cloud-Dienste zurückgreifen, desto mehr Gedanken sollten sie sich zum Schutz der dort abgelegten Daten machen. Handfeste rechtliche Probleme tauchen vor allem dann auf, wenn man Daten Dritter aus den eigenen Händen in die der Cloud-Anbieter gibt.

Die Ausnahme vorweg: Daten fallen nicht in den Anwendungsbereich des Bundesdatenschutzgesetzes (BDSG), falls sie keinen Personenbezug aufweisen. Dies gilt etwa für statistische Auswertungen, technische Zeichnungen oder Warenverzeichnisse. Derartige Informationen können ohne datenschutzrechtliche Probleme auf jedem System verarbeitet und gespeichert werden, also auch in der Cloud.

Aber meistens fängt es ja gerade mit dem gemeinsamen Kalender und Adressbuch

Bild 1.6 Datenschutz – ein unterschätzer Aspekt

Die Nutzung von Cloud-Computing hat selbstverständlich auch Nachteile (Bild 1.6):

- Datenüberlassung: Auch bei verschlüsselter Übermittlung der Daten bleibt die Ungewissheit, wie vertrauenswürdig der Anbieter ist - achten Sie auf dessen Renommee sowie auf Tests und Zertifikate!
- Bei Verlust der Zugangsdaten oder Einstellung des Dienstes könnten Ihre Daten verloren gehen - als alleinige Backup-Lösung sind Online-Festplatten deshalb nicht zu empfehlen.
- Die praktische Nutzung von Online-Speicher im großen Umfang erfordert schnelle, zuverlässige Internet-Verbindungen - vom Anbieter zu Ihnen, aber auch in umgekehrter Richtung. Die hierzu besser geeigneten VDSL-Anschlüsse sind nicht überall verfügbar und teuer.

- Keine Umzugsmöglichkeit: Laut Vinton Cerf, einem der Begründer des Internets, ist die Cloud alles andere als ausgereift. Denn die derzeit betriebenen Rechnerwolken haben einen entscheidenden Mangel: „Man kann die Daten nicht umziehen.“ (Bild 1.7).

ZEIT ONLINE | INTERNET

Partn

STARTSEITE POLITIK WIRTSCHAFT MEINUNG GESELLSCHAFT KULTUR WISSEN D

SPORT

Internet | Datenschutz | Mobil | Games

VINT CERF

Cloud-Dienste sind noch am Anfang

Man kann Daten in Clouds lagern, sie aber nicht wieder herausholen, sagt Netzpionier Vint Cerf. Und bis Wolken lernten, miteinander zu reden, sei ihr Nutzen begrenzt.

© MIKE CLARKE/AFP/Getty Images

Vint Cerf auf einer Internetkonferenz 2011 in Hong Kong

Bild 1.7 Cloud-Computing wird heiß diskutiert

Tipps zur Sicherheit in der Cloud

Sie sehen, es gibt eine Menge Möglichkeiten, die es lohnt, sie auszuprobieren. Aber es lauern eben auch Riskien beim Cloud-Computing. Aber die Risiken kann man minimieren – mit den folgenden Tipps. Im Mittelpunkt beim Cloud-Computing mit Windows Live steht Ihre **Windows Live ID** (siehe Kapitel 2). Sie ist der Authentifizierungsschlüssel in Ihre Cloud.

Die obersten Regeln: Achten Sie bitte darauf, dass Sie Ihr Kennwort niemandem weitergeben. Melden Sie sich immer vom entsprechenden Dienst ab, wenn Sie fertig sind, und schließen Sie den Browser.

Kennwort regelmäßig ändern: Generell empfiehlt es sich, Ihr Kennwort mindestens alle 90 Tage zu ändern.

Zusätzlich sollten Sie Ihre Antiviren-Software immer auf dem aktuellen Stand halten, um gegen Bedrohungen und Phishing-Attacken gewappnet zu sein. Nutzen Sie außerdem immer den aktuellen Internet Browser, etwa den Internet Explorer 9 (siehe später in diesem Kapitel).
Wenn Sie das Gefühl haben, dass jemand Ihre Windows Live ID verwendet, empfehlen sich diese Maßnahmen:

Ändern des Kennworts: Wenn Sie noch auf Ihr Konto zugreifen können, ändern Sie schnellstmöglich Ihr Kennwort, Ihre geheime Antwort und die alternative E-Mail-Adresse.

Zurücksetzen des Kennworts: Falls Sie auf Ihr Konto nicht mehr zugreifen können, versuchen Sie das Kennwort unter **https://account.live.com/resetpassword.aspx** zurückzusetzen. Klicken Sie auf **Ich habe mein Kennwort vergessen** und **Kennwort zurücksetzen**. Folgen Sie den Anweisungen.

Überprüfen der Windows Live ID: Wenn Sie Ihr Kennwort nicht zurücksetzen können, rufen Sie die Windows-Live-ID-Überprüfung auf. Wählen Sie **Ich kenne mein Kennwort und meine Windows Live ID, kann mich aber nicht anmelden** oder **Möglicherweise verwendet jemand anderes meine Windows Live ID**, und geben Sie Ihre Kontoinformationen ein. Wenn Ihre Kontoinformationen überprüft worden sind, wird eine E-Mail an die im Formular angegebene Mail-Adresse gesendet. Klicken Sie einfach den Link in der E-Mail an, um Zugriff auf Ihr Konto zu erhalten.

Sie sehen, es liegt auch an Ihnen, Ihr Risiko beim Cloud-Computing zu minimieren. Je öfter Sie auf Cloud-Dienste zurückgreifen, desto mehr Gedanken sollten Sie sich zum Schutz der dort abgelegten Daten machen. So sollten Dateinamen keinen Aufschluss über den Inhalt eines Dokuments geben. Und wirklich kritische Dateien müssen Sie ja auch nicht in die Cloud verlagern.

Windows Live Essentials und Web Services

Genug der Vorrede. Bevor es mit dem Rechnen in der Cloud losgehen kann, brauchen Sie zwei Dinge: eine Windows Live ID (darum kümmern wir uns im nächsten Kapitel) und die Windows-Live-Dienste. Die **Windows Live Essentials** decken die wichtigsten Aufgaben ab, das heißt E-Mails lesen, chatten, bloggen und vieles mehr – mit Windows Live stehen Ihnen alle Möglichkeiten offen. Die Windows-Live-Dienste setzen sich aus zwei Teilen zusammen: Web-Services und Windows Live Essentials (Bild 1.8). Die Web-Services können Sie von jedem beliebigen PC überall auf der Welt nutzen. Sie brauchen nur Ihre Windows Live ID samt Kennwort und einen Internet-Zugang. So können Sie zum

Bild 1.8 Das Team der Windows Live Essentials

Beispiel jederzeit über Hotmail auf Ihre E-Mails zugreifen - auch mobil über Hotmail for mobile. Die PC-Software benötigt die Power Ihres Rechners. Schneiden Sie Filme, bearbeiten Sie Fotos und chatten Sie mit Ihren Freunden mit den kostenlosen Windows Live Essentials, die in diesem Buch in der Version 2011 eingesetzt werden.

Die Windows Live Essential im Überblick

Mit Freunden chatten, E-Mails offline lesen und schreiben, Fotos und Videos bearbeiten, Blogs verfassen, Daten sichern und auf mehreren Rechnern synchronisieren und Ihre Familie vor Online-Gefahren schützen - mit Windows Live haben Sie alle Möglichkeiten.

Windows Live Mail: Mit dem kostenlosen Outlook-Express-Nachfolger, Windows Live Mail, verwalten Sie Ihre E-Mails, Kontakte und Kalender. Damit arbeiten Sie - im Gegensatz zu Hotmail - offline (siehe Kapitel 3 und 4).

Windows Live Messenger: Chatten Sie mit Ihren Freunden und seien Sie immer auf dem Laufenden, was in den sozialen Netzwerken wie Facebook und Twitter los ist. Der Windows Live Messenger ist das passende Programm dafür, mit dem sogar Audio- und Videounterhaltung und der Austausch von Dateien möglich sind (siehe Kapitel 5).

Windows Live Fotogalerie: Mit diesem Werkzeug haben Sie Ihre Fotos im Griff. Sie können sie damit ordnen, bearbeiten, anschauen, mit Freunden teilen und entwickeln lassen (Kapitel 6).

Windows Live Movie Maker: Dieses Tool erschließt Ihnen die Welt der Videobearbeitung. Verschönern Sie Ihre Filme mit visuellen Effekten und Musik. Erstellen Sie Filme und Diashows und veröffentlichen Sie sie im Web (siehe Kapitel 7).

Windows Live Mesh: Mit Live Mesh und der zugehörigen Devices-Website synchronisieren Sie Ihre Dateien zwischen mehreren Rechnern. So haben Sie immer den aktuellen Stand. Remote-Verbindungen erlauben die Fernsteuerung von Computern (siehe Kapitel 8).

Windows Live Writer: Mit Live Writer verwalten Sie Ihre persönlichen Blogs. Zahlreiche Funktionen erleichtern Ihnen die Arbeit und sparen Zeit. Veröffentlichen können Sie Ihren Blog zum Beispiel auf WordPress, Blogger oder LiveJournal (siehe Kapitel 10).

Windows Live Family Safety: Mit dieser Software überwachen Sie die Computeraktivitäten Ihrer Kinder. Geben Sie Websites, Kontakte, Spiele und Programme einfach frei oder blockieren Sie sie (siehe Kapitel 10).

Office Web Apps

Ergänzt wird das Windows-Live-Paket um weitere kostenlose Angebote und Programme:

- SkyDrive, die kostenlose Online-Festplatte (siehe Kapitel 2)
- Windows Live Hotmail, die Online-Variante zu Windows Live Mail (siehe Kapitel 3)
- Office Web Apps, die das Arbeiten mit Office-Dokumenten in der Cloud erlauben (siehe Kapitel 9)
- Mobile Services, etwa für den Mail-Zugriff via Smartphone (siehe Kapitel 9)
- und schließlich den für Windows Live optimierten Internet Explorer (siehe hinten in diesem Kapitel).

All diese Programme und Dienste sind die „Hauptdarsteller" in diesem DIGITAL*lifeguide*. Die Tabelle zeigt die wichtigsten Akteure im Überblick.

Systemanforderungen Windows Live Essentials für Windows 7 und Vista

Da insbesondere das Arbeiten mit Bildern und Videos eine gewisse Rechenleistung erfodert, sollen hier kurz die Systemvoraussetzungen für Windows Live Essentials 2011 aufgelistet werden:

- Betriebssystem: 32- oder 64-Bit-Edition von Windows 7 oder Windows Vista mit Service Pack 2 und der Plattformaktualisierung für Windows Vista oder Windows Server

Produkt	Beschreibung	Web-basiert	für Windows	für Mac
Windows SkyDrive	Online-Festplatte	ja	nein	nein
Windows Live Mail	E-Mail-Programm	nein	ja	nein
Windows Live Hotmail	Webmail	ja	nein	nein
Windows Live Fotogalerie	Grafik-Software	nein	ja	nein
Windows Live MovieMaker	Videoschnitt-Software	nein	ja	nein
Windows Live Messenger	Instant-Messaging	ja	ja	ja
Windows Live Writer	Weblog-Software	nein	ja	nein
Windows Live Family Safety	Kindersicherung	nein	ja	nein
Office Web Apps	Office-Paket	ja	nein	nein
Windows Live Mesh	Synchronisierung	nein	ja	ja

2008 R2 oder Windows Server 2008 mit Service Pack 2 und der Plattformaktualisierung für Windows Server 2008.

- Prozessor, Arbeitsspeicher und Auflösung: 1,6 GHz oder höher, 1 GB oder mehr sowie mindestens 1024 × 576
- Internet-Verbindung: Für Online-Dienste ist ein DFÜ-Internetzugang erforderlich, für einige Funktionen wird ein Hochgeschwindigkeits-Internet-Zugang empfohlen.
- Grafikkarte: Für Movie Maker ist eine Grafikkarte erforderlich, die DirectX 9 oder höher sowie Shader Model 2 oder höher unterstützt.
- Webcam etc.: Für Video-Chats mit Live Messenger sind eine Webcam, ein Mikrofon, Lautsprecher oder ein Headset und Hochgeschwindigkeits-Internet-Zugang erforderlich. HD-Videounterhaltungen erfordern eine kompatible HD-Webcam.

Systemanforderungen Windows Live Essentials für Mac 8.0.1

Microsoft Messenger für Mac 8.0.1: Apple Mac OS X v10.5.8 oder höher

Mesh für MAC OS X: Apple Mac OS X; Apple Mac OS X v. 10.5 Leopard, nur Intel-basierte Macs

Live Essentials herunterladen und installieren

Höchste Zeit, die Windows Live Essentials auf Ihrem Windows-PC zu installieren:

1. Starten Sie Ihren Browser, und rufen Sie die URL **www.windowslive.de** auf.
2. In der oberen Leiste mit den Schaltflächen (Bild 1.9) klicken Sie auf den Eintrag **Essentials**.
3. Klicken Sie **Download (Kostenlose Windows Live Software downloaden)**.
4. Klicken Sie auf **Kostenlos herunterladen (Windows Live Essentials 2011)**.
5. Danach klicken Sie auf **Datei speichern**.
6. Doppelklicken Sie auf die Setup-Datei, die auf Ihren Rechner geladen wurde.

wlsetup-web

Bild 1.9 Der direkte Zugriff auf der Windows-Live-Seite

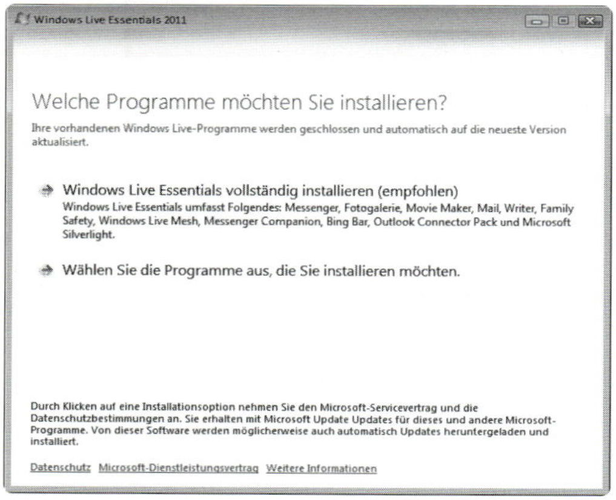

Bild 1.10 Die empfohlene Option

Bild 1.11 Programme gezielt auswählen

7. Geben Sie gegebenenfalls Ihr Administrator-Kennwort ein.
8. Wählen Sie, was Sie installieren möchten (Bild 1.10) – entweder vollständig (**Windows Live Essentials vollständig installieren (Empfohlen)**) oder gezielt ausgewählt (Bild 1.11).
9. Im Beispiel wird die vollständige Version gewählt, da im Buch alle Aspekte zur Sprache kommen. Außerdem sind so auch „Hilfsmittel“ wie Silverlight ganz sicher mit dabei. (Microsoft Silverlight ist eine Erweiterung für Browser, die Besuchern von Websites die Ausführung von sogenannten Rich-Internet-Applications ermöglicht, zum Beispiel 3D-Effekte, Animationen und die Unterstützung diverser Videoformate.) Klicken Sie auf **Installieren**.
10. Je nach Anzahl der Programme und Internet-Verbindung nimmt die Installation einige Zeit in Anspruch. Klicken Sie dann auf **Beenden**.

Löschen Sie die Setup-Datei, die Sie zuerst heruntergeladen haben, und trennen Sie die Internet-Verbindung.

Falls Sie noch keine Windows Live ID (siehe Kapitel 2) haben, schließen Sie das Fenster **Kennen wir uns?** durch einen Klick auf das Rot unterlegte Kreuz rechts oben, und klicken Sie im dann eingeblendeten Fenster auf **Ja**. Nach dem Neustart sind die Windows Live Essentials über **Start** > **Alle Programme** jederzeit zu starten.

Wenn Sie neugierig sind, können Sie einen ersten Blick darauf werfen. Es empfiehlt sich aber, sich noch ein wenig Zeit zu nehmen. Denn Microsoftt bietet einen für den Einsatz von SkyDrive und Windows Live Essentials maßgeschneiderten Browser.

Der passende Browser: Internet Explorer 9

Microsoft hat seinen Internet Explorer speziell für Windows Live optimiert.

1. Öffnen Sie Ihren bisherigen Browser, und rufen Sie die URL **http://www.windowslive.de/Download/ie9-optimiert-fuer-windows-live.aspx** auf.
2. Wählen Sie unter **Herunterladen** Ihre Windows-Version, und klicken Sie auf **Kostenlos herunterladen**.
3. Klicken Sie auf **Datei speichern**.
4. Doppelklicken Sie auf die Setup-Datei, die in Ihrem Download-Ordner liegt.
5. Klicken Sie auf **Ausführen**.
6. Geben Sie gegebenenfalls Ihr Administrator-Kennwort ein.
7. Klicken Sie auf **Installieren**.
8. Sofern Bing Bar bereits installiert ist, erscheint ein entsprechendes Fenster, das Sie über **Fenster schließen** wegklicken. (Mit Bing Toolbar haben Sie schnellen und einfachen Zugriff auf wichtige News, in sie ist zudem die Microsoft-Suchmaschine Bing fest integriert.)
9. Andernfalls installieren Sie Bing Bar durch Klicken auf **Installieren** (Bild 1.12).
10. Starten Sie den Rechner neu.

IE9-Setup-Full

Gegebenenfalls installieren Sie Message Faces für Internet Explorer.

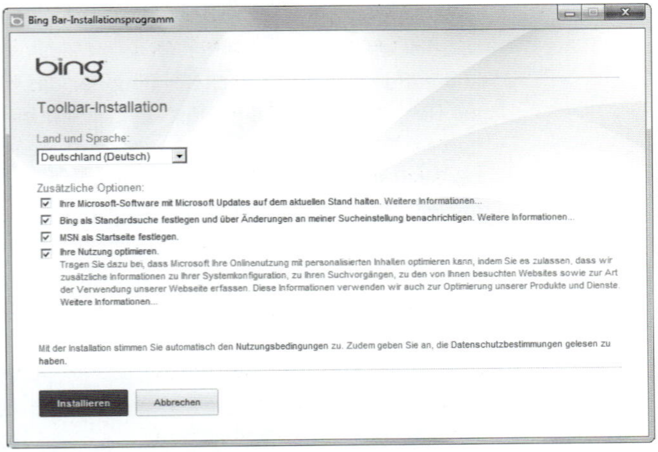

Bild 1.12 Bing Bar installieren

Bild 1.13 Add-ons aktivieren

11. Beim ersten Start des Internet Explorers (über **Start** > **Programme**) können Sie, sofern nicht bereits eingestellt, den Internet Explorer durch Klicken auf **Ja** als Standard-Browser festlegen. (Für die weitere Lektüre empfiehlt sich dies.)
12. Nun können Sie Add-ons aktivieren bzw. deaktivieren. Klicken Sie auf **Add-Ons auswählen** (Bild 1.13)
13. Im eingeblendeten Fenster aktivieren Sie Bing Bar und Messenger Companion-Hilfsprogramm (beide erleichtern das Arbeiten). Klicken Sie auf **Fertig**.
14. Von nun an ist der Explorer startklar fürs Cloud-Computing (Bild 1.14).

Praktisch: die Bing Bar

Die Bing Bar integriert eine Symbolleiste (Tool-Bar) in Ihren Browser, mit der Sie zum Beispiel schnell und einfach Zugriff auf wichtige News haben.

Fest integriert ist zudem die Microsoft-Suchmaschine Bing. Die Bing Bar liegt standardmäßig im Fenster oben. Sie können sie auch ausblenden, sodass die Leiste nicht im Browser angezeigt wird, ohne das Programm zu deinstallieren. Klicken Sie dazu mit der rechten Maustaste in einen freien Bereich der Bing Bar, und entfernen Sie per Klick auf **Bing Bar** das Häkchen davor. Bestätigen Sie per Klick auf **Deaktivieren**. Weitere Einstellungen – auch zum Internet Explorer insgesamt – können Sie über die Menüleiste vornehmen. Wenn sie nicht angezeigt wird, drücken Sie die **Alt**-Taste, um sie anzuzeigen. Damit haben Sie Zugriff die Menüs **Datei**, **Bearbeiten**, **Ansicht**, **Favoriten** und **Extras**. Sie können in Bing Bar Schaltflächen hinzufügen und entfernen und die Reihenfolge der Schaltflächen ändern. Klicken Sie dazu in der Bing Bar auf der rechten Seite auf das Symbol für die **Bing Bar-Einstellungen** und anschließend auf **Anwendungen**. Aktivieren Sie zum Hinzufügen bzw. Entfernen einer Schaltfläche

> TIPP
> Die Einstellung für die Festlegung des Standard-Browsers können Sie ändern, indem Sie unter **Extras** > **Internetoptionen** > **Programme** unter **Standardbrowser** auf **Als Standardbrowser** klicken und mit **OK** bestätigen.

Bild 1.14 Der Internet Explorer 9 mit Bing Bar

das entsprechende Symbol, und klicken Sie auf **Hinzufügen** bzw. **Entfernen**. Klicken Sie dann auf **Schließen**.

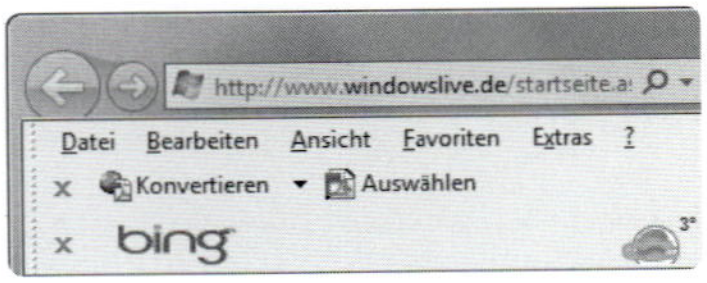

Hilfe!

Bevor Sie richtig mit dem Rechnen in der Cloud loslegen, lernen Sie am Ende dieses Kapitels noch ein paar von Microsoft bereitgestellte Hilfen rund um Windows Live. In den URL-Boxen der einzelnen Kapitel werden Sie immer darauf stoßen.

Bild 1.15 Der Zugriff auf den Service

Starten Sie Ihren Internet Explorer, und rufen Sie über **www.windowslive.de** die Windows-Live-Seite auf. Klicken Sie oben auf der Schaltflächen-Leiste auf **Service** (Bild 1.15).

Auf der Startseite des **Windows Live Service** (Bild 1.16) haben Sie Zugriff auf alle Hilfsoptionen. Im **Windows Live Blog** lesen Sie zum Beispiel immer wieder aktuelle Informationen rund um die Nutzung von Windows Live sowie die Windows-Live-Produkte und -Dienste.

Im **Windows Live Solution Center** (Bild 1.17) finden Sie Lösungen von Microsoft. Sie können Ihre eigenen Fragen zur Beantwortung in die dafür vorgesehenen Foren stellen oder Anderen bei der Beantwortung ihrer Fragen helfen. Wählen Sie auf der Seite unten ein Produkt aus, zu dem Sie eine Frage haben. Um eine Frage zu stellen, klicken Sie auf **Foren**. Um eine Microsoft-Lösung zu finden, nutzen Sie jeweils den Link zu den Lösungen.

Oder rufen Sie den **Windows Live Support** auf. Hier finden Sie Rat und Hilfe zu allen Aspekten, zum Beispiel zur Windows Live ID (siehe nächste Kapitel).

Sie können auch den Service der **Buddy-Scouts** nutzen. Ein Scout ist ein Anwender von Windows Live, der sich bereit erklärt hat, anderen Nutzern bei Fragen rund um Windows Live zu helfen. Natürlich können Sie auch selbst Scout werden!

Nützlich sind auch die vielen **Tutorials** (Bild 1.18). Hier erhalten Sie Schritt für Schritt und bebildert Hilfestellung zu wichtigen Themen.

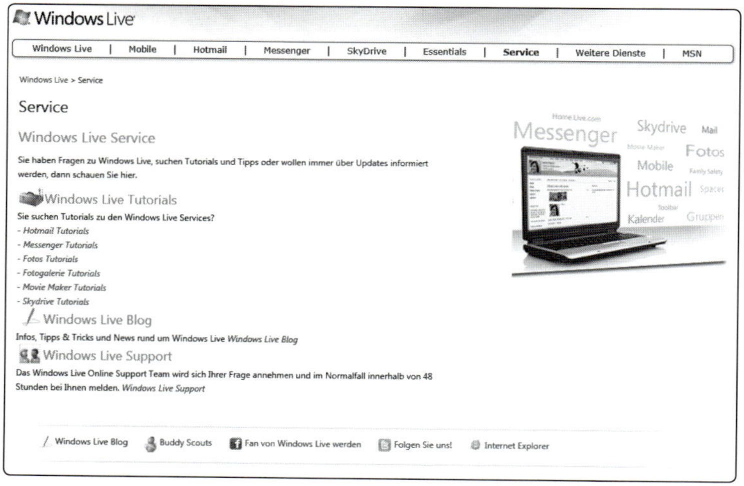

Bild 1.16 Die Service-Optionen

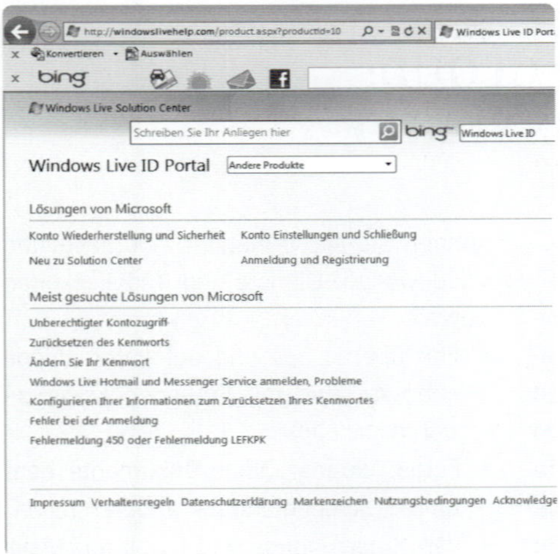

Bild 1.17 Das Windows Live Solution Center

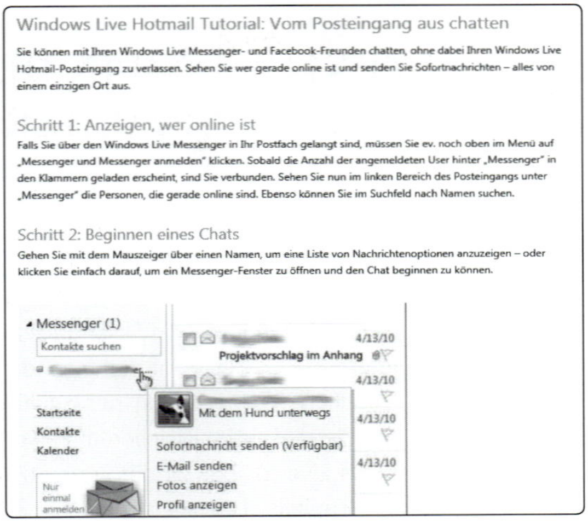

Bild 1.18 Konkret: die Windows-Live-Tutorials

Alle Wege führen zu Windows Live

Es gibt sehr viel Möglichkeiten, Windows-Live-Dienste aufzurufen – etwa über das Startmenü oder die Taskleiste oder aus einer der anderen Windows-Live-Anwendung heraus. Im Buch wechseln wir immer wieder mal zwischen diesen Möglichkeiten. Mit der Zeit werden Sie sicher Ihren eigenen Stil entwickeln.

Jetzt geht es los!

Im nächsten Kapitel erhalten Sie Ihren Schüssel zur Cloud: die Windows Live ID.

WEB TAGS

Web-Services · Windows Live Service · Internet Explorer · Windows Live · Windows Live Essentials · Cloud · SkyDrive · Datenschutz · Bing Bar

2 KOSTENLOS UND IN DER CLOUD: IHR ONLINE-SPEICHER SKYDRIVE

Im ersten Kapitel haben Sie die Vorteile – und Risiken – des Cloud-Computing kennengelernt. Und Sie haben die Programme dazu, die Windows Live Essentials und den Internet Explorer 9, heruntergeladen und installiert. Was fehlt, ist der Schlüssel in die Cloud. Das ist in unserem Fall die **Windows Live ID**. Das ist der erste Fokus dieses Kapitels. Danach richten Sie sich Ihr Profil ein und Ihren Online-Speicherplatz SkyDrive. Da zur Windows Live ID automatisch ein Hotmail-Konto gehört, werfen Sie ganz nebenbei auch darauf einen Blick.

Ihr Schlüssel zur Onlinewelt

Ihre Windows Live ID öffnet Ihnen die Tür zur Welt des Cloud-Computing. Damit können Sie alle in Kapitel 1 vorgestellten Windows-Live-Dienste und -Möglichkeiten nutzen:

- Von überall aus und auf unterschiedlichen Kanälen mit Freunden kommunizieren
- Fotos, Videos, Office-Dokumente bearbeiten, ablegen und mit anderen teilen
- Von Smartphones und mobil auf Mails und Daten zugreifen
- Daten zentral und online ablegen und mit Rechern synchronisieren
- Und, und, und

All dies können Sie mit mit einer einzigen ID erledigen. Natürlich sind die Registrierung und die Nutzung der Windows Live ID kostenlos.

Wenn Sie bereits Windows Live Hotmail, Windows Live Messenger, Office Live oder

URL

Das sind die Links zu diesem Kapitel:

- https://signup.live.com/?lic=1
- http://windowslivehelp.com/product.aspx?productid=10 (Windows Live ID)
- http://windowslivehelp.com/product.aspx?productid=6 (SkyDrive)
- www.windowslive.de/Skydrive/tutorials.aspx
- http://windowslivehelp.com/product.aspx?productid=1 (Hotmail)
- www.gladinet.com/p/download_starter_direct.htm

Xbox Live verwenden, dann nutzen Sie Ihre Windows Live ID bereits – denn sie ist der Benutzername, mit dem Sie sich bei Ihren Services anmelden.

Windows Live ID einrichten

Andernfalls können Sie eine Windows Live ID mit ein paar Klicks und Angaben schnell einrichten:

1. Wechseln Sie in Ihrem Browser zu **https://signup.live.com**.
2. Alternativ wählen Sie auf der Windows-Live-Startseite die Schaltfläche **Anmelden**.
3. Geben Sie Ihren Wunschnamen ein, und lassen Sie überprüfen, ob dieser noch verfügbar ist (Bild 2.1).
4. Tragen Sie die nötigen Informationen ein.
5. Achten Sie dabei auf ein sicheres Kennwort. Sie können dies anhand des eingeblendeten Sicherheitsbalkens überprüfen.
6. Tragen Sie unbedingt eine alternative E-Mail-Adresse oder eine Sicherheitsfrage ein, damit Sie später das Kennwort einfach ändern oder zurücksetzen können.
7. Tippen Sie die beiden Begriffe unten aus dem Bild ab, bestätigen Sie den Microsoft-Servicevertrag sowie die Datenschutzbestimmungen, und klicken Sie auf **Ich stimme zu**.

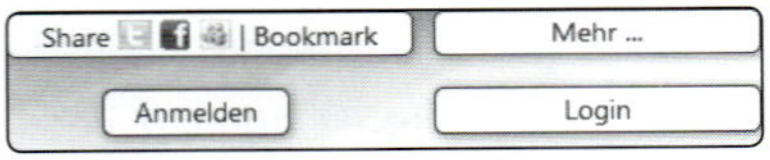

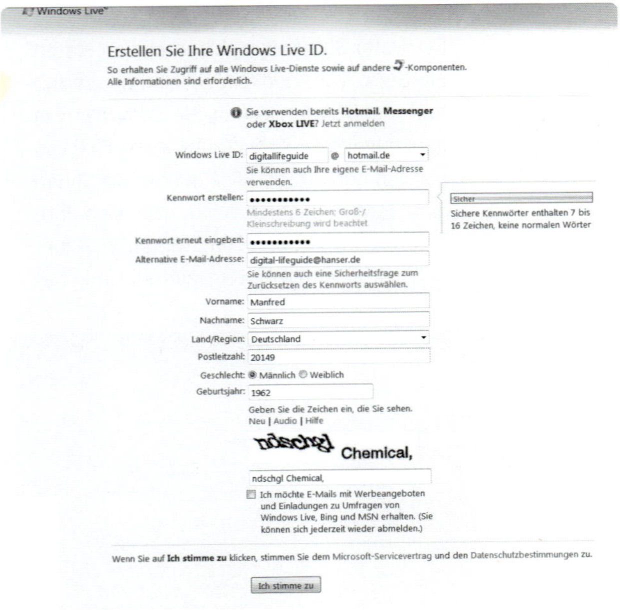

Bild 2.1 Den Schlüssel zum Cloud-Computing erstellen

Damit ist Ihre Windows Live ID eingerichtet. Sie gelangen sofort zur Startseite Ihres Kontos. (Bild 2.2)
Ihre persönliche Windows-Live-Startseite ist Ihr Online-Kommunikationsportal. Hierhin gelangen Sie mit Ihrer Windows Live ID ab sofort auch über

www.windowslive.de oder direkt über **https://login.live.com/**.

Wenn Sie oben im **Menü** auf **Hotmail** klicken, gelangen Sie zu Ihrem Posteingang. Hier können Sie E-Mails über Ihr Hotmail-Konto schreiben, lesen und verwalten (siehe auch Kapitel 3). Falls Sprache, Zeitzone, Wochenbeginn etc. noch nicht stimmen, wählen Sie rechts oben **Optionen** > **Weitere Optionen**, und wählen Sie dann unter **Hotmail anpassen** > **Sprache** „Deutsch". Speichern Sie die Änderung.

Ein erster Streifzug soll Ihnen einen ersten Eindruck von den Möglichkeiten vermitteln, detaillierter lernen Sie alles dann in den folgenden Kapiteln kennen. Sie können auf den ersten Blick sehen, wer Ihnen eine E-Mail gesendet hat, wie sich Ihre Freunde in sozialen Netzwerken wie zum Beispiel Facebook engagieren und wer von Ihren Freunden gerade online ist. So erfahren Sie zum Beispiel, wer neue Fotos veröffentlicht oder einen Blogbeitrag kommentiert hat. Oder plaudern Sie einfach mit Ihren Freunden im Chat.

Kurz gesagt: Über Ihre Windows-Live-Startseite bleiben Sie mit den Menschen in Kontakt, die Ihnen wichtig sind.

Wenn Sie auf die Schaltfläche **Abmelden** (rechts oben) klicken, loggen Sie sich aus. Einloggen können Sie sich jederzeit zum Beispiel über die Schaltfläche **Login** auf der Windows-Live-Startseite (Bild 2.3). Hier können Sie gezielt **Posteingang**, **Webmessenger**, **SkyDrive** oder **Office Live** (siehe Kapitel 9) aufrufen.

Bislang haben Sie nur eine E-Mail in Ihrem **Posteingang**. Das wird sich bald ändern.

Das Profil einrichten

Jeder der bei Windows Live registriert ist, bekommt automatisch eine eigene kosten-

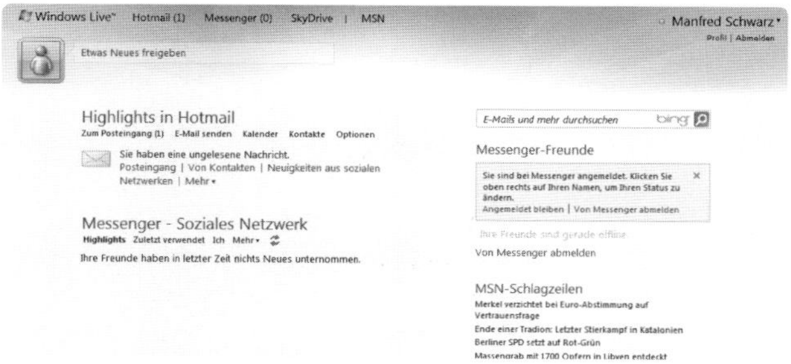

Bild 2.2 Der erste Blick auf Ihre Hotmail-Seite

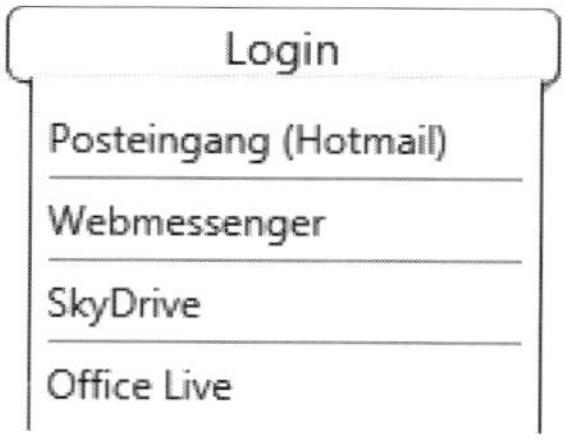

Bild 2.3 Der schnelle Zugriff

lose Netzwerk-Site. Im zugehörigen Profil werden an einer zentralen Stelle im Web alle persönlichen Infos und die Nachrichten zu den eigenen Web-Aktivitäten veröffentlicht. Das umfasst alle Windows-Live-Online-Dienste und die Services anderer Anbieter wie Twitter, Flickr und Wordpress. Ganz dem Netzwerkgedanken folgend werden die News beispielsweise als sogenannter **Feed** auf der Startseite der einzelnen Netzwerk-Kontakte (und im Live Messenger) veröffentlicht. So halten Sie Ihre Freunde ganz einfach auf dem aktuellen Stand der Dinge.
Um das Profil einzurichten, also Foto und Freigaben etc. einzurichten, loggen Sie sich über die Startseite und dort **Login/Posteingang (Hotmail)** und den Anmeldeschirm ein (Bild 2.4).

Bild 2.4 Das „Anmeldeformular“

1. Klicken Sie rechts oben auf die Schaltfläche **Profil**.
2. In Ihrem Browser öffnet sich Ihre Profilseite.
3. Zuerst gilt es, die Sicherheitsstufe einzurichten (Bild 2.5). Sie können sie später jederzeit in Ihrem Profil wieder ändern über **Optionen** > **Weitere Optionen** > **Optionen für Windows Live** > **Datenschutz**.
4. Sichern Sie die Einstellung durch Klick auf **Speichern**.

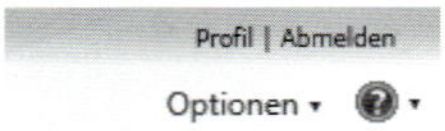

Dabei haben Sie die Wahl zwischen:

- **Öffentlich**: Jeder darf Ihre Inhalte und Aktivitäten sehen, und jeder kann Sie per Suche finden und Ihr Profil ansehen.
- **Eingeschränkt**: Nur Ihre Freunde dürfen Ihre Inhalte und Aktivitäten sehen, und jeder kann Sie per Suche finden und Ihr Profil ansehen.
- **Privat**: Nur Ihre Kontakte dürfen Ihre Inhalte und Aktivitäten sehen, niemand sonst kann Sie per Suche finden und Ihr Profil ansehen.

Die Verbindung zu Ihren Netzwerken stellen Sie in Kapitel 5 her.

5. Klicken Sie links oben auf **Details**.
6. Bestätigen Sie zuerst den Namen für Ihr Profil durch Klick auf **Eigenen Namen bestätigen**.
7. Klicken Sie dann auf **Speichern**.
8. Klicken Sie unter Ihrem Namen neben die Figur auf **Bearbeiten** (Bild 2.6).

Bild 2.5 Wichtig: das Einrichten der Sicherheitsstufe

9. Im nun eingeblendeten Fenster können Sie Ihr Profilfoto ändern. Klicken Sie auf **Durchsuchen**, und navigieren Sie im nun geöffneten Fenster in den Ordner, in dem das gewünschte Bild auf Ihrem PC liegt (meist ist dies die Bibliothek **Bilder**).
10. Klicken Sie auf das Bild und dann auf **Öffnen**.
11. Wählen Sie mit der Maus den Bereich Ihres Bildes aus, der im quadratischen Profil-Rahmen erschein soll (Bild 2.7).
12. Klicken Sie auf **Speichern**.

In der Rubrik **Details** können Sie Ihre Kontaktinformationen, berufliche Informationen und allgemeine Informationen hinterlegen. Außerdem ist hier Raum für persönliche Angaben wie Geburtstag, Lieblingszitat und, und, und.

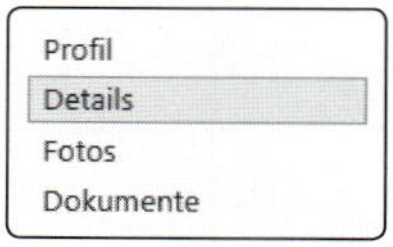

So können Sie in der Rubrik **Details** zum Beispiel Ihre Lieblingsmusik, -bücher und -filme auflisten. Dazu klicken Sie in Ihrem Profil zum Beispiel unter **Persönliche Vorlieben** auf **Bücher**. Dann auf **Lieblingsbuch hinzufügen**. Machen Sie nun die Angaben zu Verfasser, Titel usw.

Am besten Sie besorgen sich diese über einen Online-Buchhändler wie Amazon oder Libri. Dann wird das Cover automatisch vorgeschlagen. Klicken Sie zuerst darauf und dann auf **Speichern**. Ab sofort gehört Ihr Lesetipp zu Ihrem Windows-Live-Auftritt (Bild 2.8).

Doch lassen Sie sich Zeit mit dem Einrichten Ihres Profils, und überlegen Sie sich genau, was andere von Ihnen erfahren sollen und dürfen. Nutzen Sie auch Ihre Besuche auf den Seiten anderer Windows-Live-Nutzer, um sich zu orientieren, wie andere das machen.

Fürs Erste haben Sie alle nötigen Einstellungen vorgenommen. Das Feld, über Ihre Windows Live ID Ihren Online-Speicherplatz zu nutzen, ist bereitet.

Ihr Online-Speicher: SkyDrive

Die Vorgänge, die beim Betrieb einer Online-Festplatte im Hintergrund ablaufen, sind sehr komplex: Verschlüsselung, Übertragungskontrolle, Synchronisation, Freigabeverwaltung, Änderungsbenachrichtigung und einiges mehr. Doch trotzdem lässt sich ein Cloud-Speicher in der Regel einfach einrichten und betreiben. Die Anbieter wie Microsoft haben die Verfahren weitgehend automatisiert. So verhält es sich auch mit SkyDrive, Microsofts Antwort auf den Cloud-Boom.

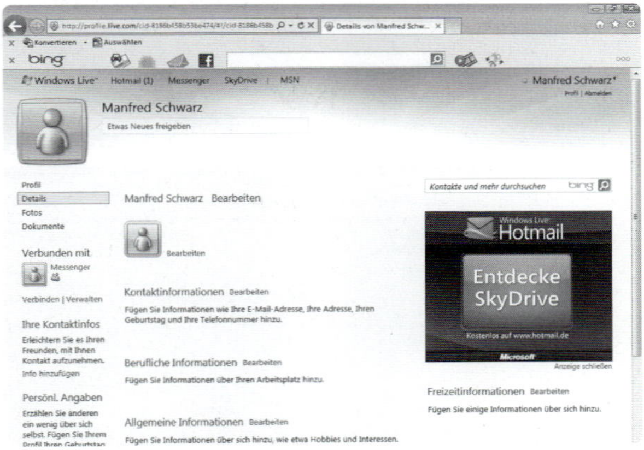

Bild 2.6 Das Konto bearbeiten und individuell einrichten

Viel Platz für Office-Dokumente und Fotos

Welche große Bedeutung das IT-Unternehmen dieser neuen Technologie beimisst, lässt sich daran ablesen, dass Microsoft für diesen kostenlosen Dienst erstaunlich üppigen Speicherplatz spendiert: 25 GByte stehen Ihnen via Windows-Live-Konto zur Verfügung – zum Ablegen von Fotos, Videos und Office-Dokumenten.

Bild 2.7 Das Foto einrichten

Beim Arbeiten mit Office-Dokumenten stehen Ihnen zudem via SkyDrive bzw. Windows Live auch Online-Versionen der Office-Klassiker Word, Excel, PowerPoint und OneNote (siehe Kapitel 9) zur Seite: Die sogenannten Web Apps bieten zwar gegenüber ihren Offline-Geschwistern aus dem Desktop-Office-Paket einen reduzierten Funktionsumfang, aber sie sind kostenlos und von jedem Internet-fähigen Windows-PC aus nutzbar.

Sie können bei SkyDrive Tausende Office-Dokumente speichern, freigeben und darauf zugreifen. 25 GByte Speicherplatz sind aber mit Office-Dokumenten kaum zu füllen, also bleibt Ihnen viel Platz für Fotos und Filme. In SkyDrive können Sie Fotos hochladen, in Alben und Diashows anzeigen und auch für andere Nutzer zur Ansicht freigeben. Auch ein Bildbearbeitungsprogramm gehört zu Windows Live. Dazu müssen Sie jedoch die Windows Live Fotogalerie installieren, wie in Kapitel 1 beschrieben.

Bild 2.8 Vorlieben auflisten

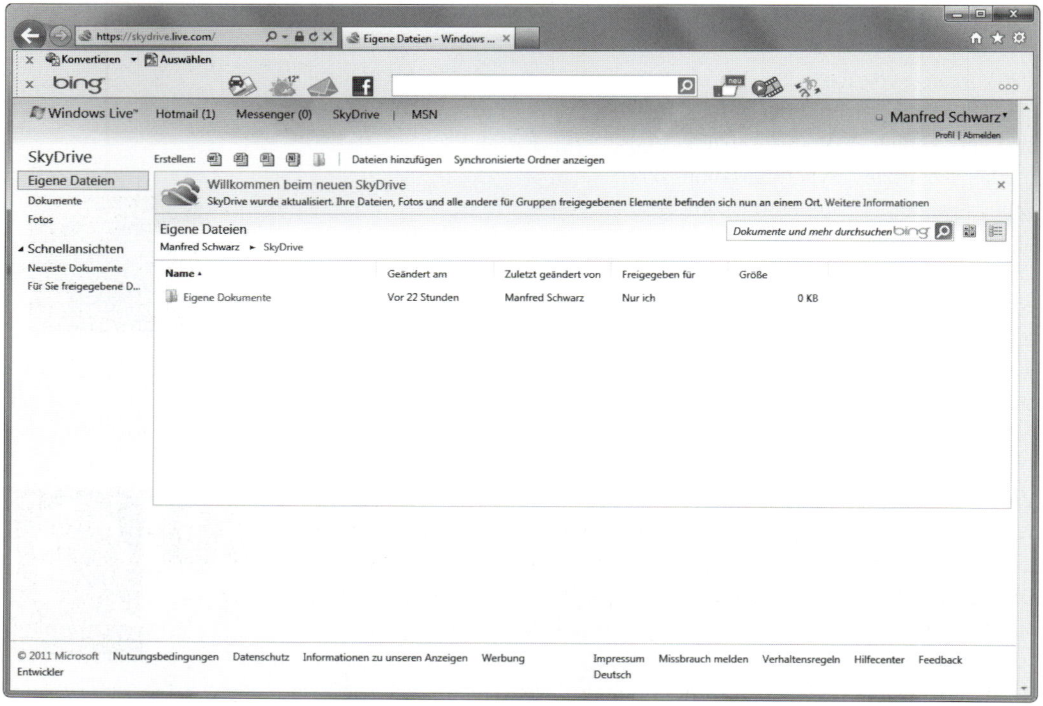

Bild 2.9 Der Blick in die Cloud: SkyDrive

Über SkyDrive können Sie Ihre Dateien mit Ihrer Familie, Freunden und Bekannten austauschen und von überall darauf zugreifen.

Das Layout (Bild 2.9) orientiert sich stark an dem von Windows Live Hotmail, die Navigation ist an gängige Dateisysteme und Strukturen angelehnt, wie Sie sie als Nutzer von Windows kennen.

Microsoft entwickelt auch das SkyDrive-Angebot ständig weiter. So wurde 2011 die Navigation durch Fotoalben oder das Öffnen von Ordnern in der aktuellen Version deutlich beschleunigt. Dank Unterstützung von HTML5 und der Grafikkarte wurde die Reaktionszeit von 6 bis 9 Sekunden auf nur noch Millisekunden verringert. Das macht das Arbeiten mit SkyDrive schneller und damit angenehmer.

Jetzt zeigt Ihnen eine Übersicht alle Fotos als Vorschaubilder. So müssen Sie sich nicht mehr durch mehrere Seiten klicken. Animationen und die automatische Anpassung der optimalen Größe in der Darstellung machen die eigene Online-Fotosammlung zu einem optischen Vergnügen.

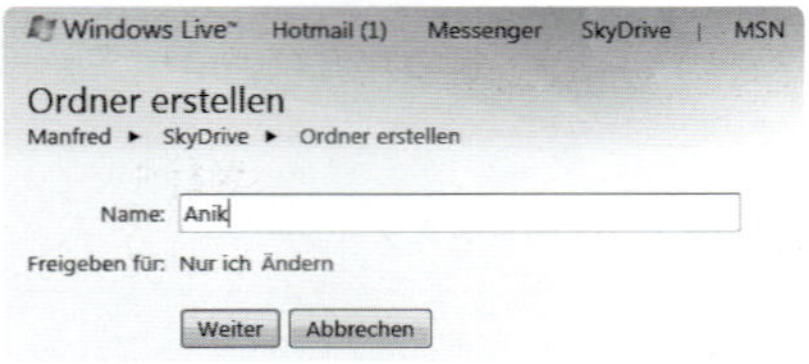

Bild 2.10 Ordner anlegen

Neue Ordner anlegen und Dateien ablegen

Sicherheit wird bei SkyDrive groß geschrieben. Sie können selbst entscheiden, wer auf Ihre Daten zugreifen kann. Vielleicht möchten Sie ja auf auf Nummer sicher gehen und auf alle oder ausgewählte Daten auch nur selbst Zugriff haben. So ändern Sie die Berechtigungen von Ihren SkyDrive-Ordnern.

1. Nachdem Sie sich bei Windows live angemeldet haben, wechseln Sie zu Ihrem SkyDrive. Wählen Sie dazu in der oberen Menüleiste **SkyDrive** aus.
2. Auf SkyDrive (Bild 2.9) klicken Sie oben auf die Schaltfläche **Ordner erstellen**.
3. Geben Sie einen Namen für den neuen Ordner ein, und legen Sie fest, welchen Personen Sie Zugang zu den darin enthaltenen Dokumenten geben (Bild 2.10).

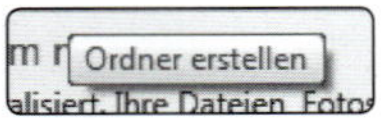

Sie haben dabei die Wahl zwischen **Jeder (öfffentlich)**, **Meine Freunde und deren Freunde**, **Freunde**, **Einige Freunde** oder **Ich**.

4. Legen Sie fest, welche Rechte diese erhalten sollen: **Dateien anzeigen** oder **Details hinzufügen und bearbeiten und Dateien löschen**.
5. Möchten Sie einzelne Personen aus Ihrem Adressbuch auswählen, können Sie diese unter **Weitere Personen hinzufügen** aus Ihrer Kontaktliste auswählen.

Bild 2.11 Dateien per Drag-and-Drop in die Cloud laden

Bild 2.12 Auf SkyDrive abgelegte Fotos

6. Wenn Sie Ihre Auswahl getroffen haben, klicken Sie auf **Weiter**.
7. Wählen Sie die Dateien auf Ihrem PC aus, die Sie für Ihre Bekannten zur Verfügung stellen möchten, klicken Sie dazu auf **Dateien hinzufügen**.
8. Wählen Sie den Ordner aus.
9. Ziehen Sie die Dateien per Drag-and-Drop in das dafür vorgesehene Fenster auf SkyDrive (Bild 2.11).
10. Klicken Sie auf die Schaltfläche **Weiter**.
11. Bestätigen Sie durch Klick auf **Schließen**.
12. Die Fotos sind in der Cloud (Bild 2.12).

Bild 2.13 Ein Bild herunterladen

Sie können die Berechtigungen jederzeit ändern (siehe später in diesem Kapitel). Die Darstellung aller gespeicherten Dateien erfolgt in einer zentralen Übersicht und ist über die neue Navigation mit nur einem Klick zu erreichen. Dokumente und Fotos sind in einer Ansicht zusammengefasst, die anzeigt, welche Dateien für wen freigegeben wurden (Bild 2.14).

Herunterladen von Dokumenten

Natürlich können Sie – und Personen, denen Sie dies per Freigabe gestattet haben – auch Dateien herunterladen. Öffnen Sie in Eigene Dateien dazu den Ordner per Mausklick. Der Inhalt wird angezeigt. Klicken Sie rechts auf **Herunterladen** (Bild 2.13). Es wird ein Dialogfenster (Bild 2.15) eingeblendet. Wählen Sie darin zum Beispiel Speichern unter, damit Sie festlegen können, wo der gezippte (komprimierte) Ordner abgelegt werden soll (Bild 2.16). Sie können gleich nachschauen und den Ordner direkt auf Ihrem PC öffnen (Bild 2.17).

Das Herunterladen ganzer Ordner als Zip-Datei erspart Ihnen den Download einzelner Dateien.

Markierungen hinzufügen

Haben Sie bereits Fotos auf Windows Live SkyDrive hochgeladen? Dann markieren Sie diese doch, um einen besseren Überblick über Ihre Sammlung zu erhalten. Wählen Sie dazu den entsprechenden Ordner aus, und klicken Sie auf das Bild, welches Sie markieren möchten. Später in Kapitel 6 lernen Sie eine weitere interessante Funktion rund ums Markieren kennen: die Gesichtserkennung.

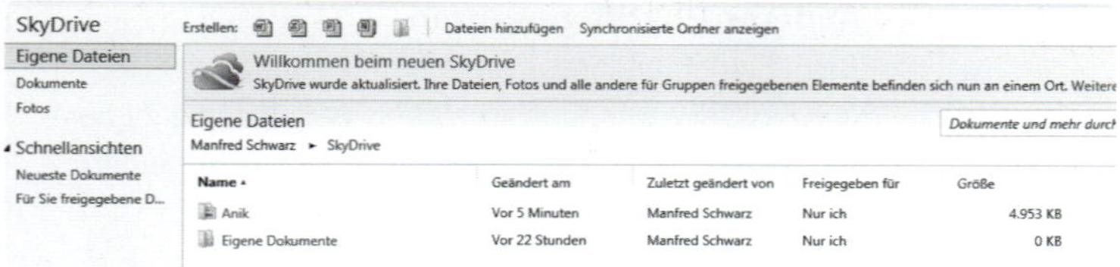

Bild 2.14 Die Übersicht über Dateien und deren Freigaben

Bild 2.15 Den gezippten Ordner auf dem PC speichern

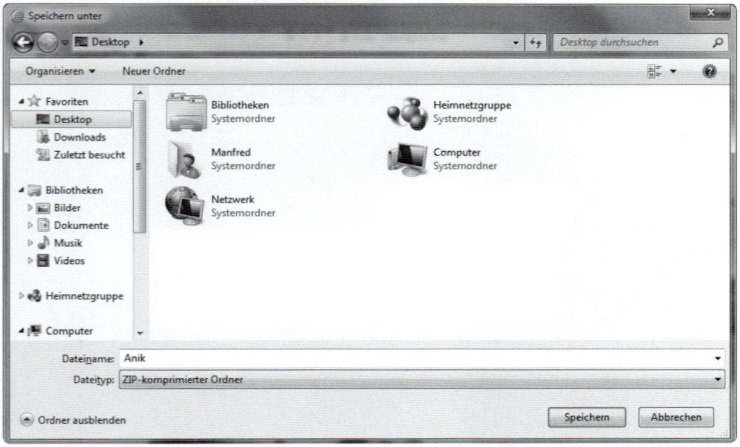

Bild 2.16 Den Speicherort festlegen

Bild 2.17 Den Ordner direkt auf dem PC öffnen

Anderen Zugriff gewähren

Beim Einrichten Ihres Profils sind Sie schon den Sicherheitsstufen Ihres Profils begegnet. Auf SkyDrive können Sie zudem gezielt Freigabeberechtigungen für Ordner und Dokumente einstellen – und auch jederzeit wieder ändern.

1. Loggen Sie sich bei SkyDrive ein.
2. Klicken Sie nach dem Login links oben auf **Eigene Dateien**.
3. Klicken Sie auf den Ordner, den Sie ändern möchten. Im Ordner wählen Sie rechts unter **Freigeben** den Eintrag **Berechtigungen bearbeiten** (Bild 2.18).
4. Jetzt können Sie die Berechtigungen individuell neu einstellen, zum Beispiel indem Sie weitere Personen auswählen, die Ihre Dateien auf SkyDrive anschauen dürfen (Bild 2.19).
5. Klicken Sie auf **Speichern**, wenn Sie mit den Einstellungen fertig sind.
6. Anschließend können Sie an neue Personen mit Berechtigungen eine E-Mail senden (Bild 2.20). Klicken Sie hierzu auf **Senden**.

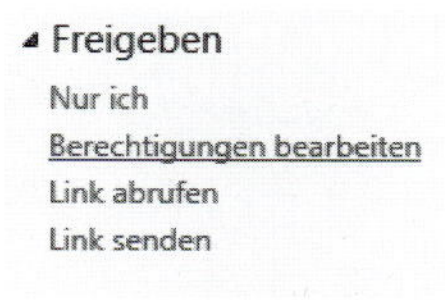

Bild 2.18 Datenfreigabe

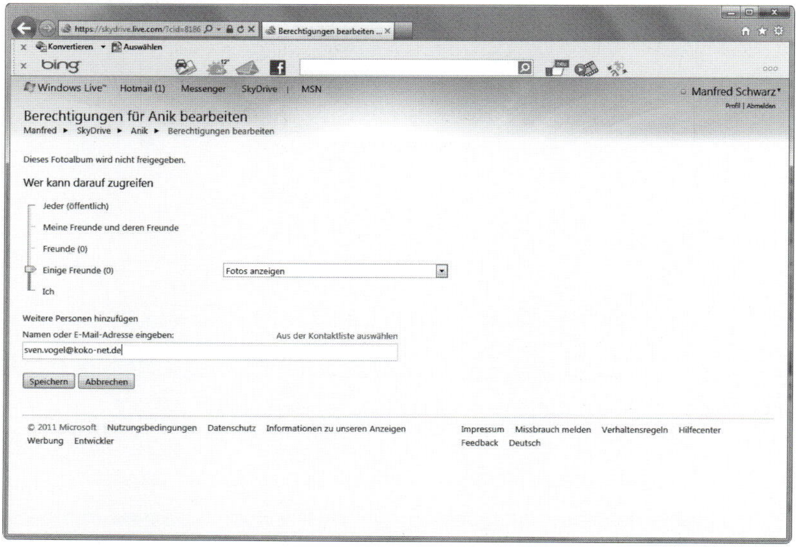

Bild 2.19 Den Zugriff individuell einrichten

Um den Ordner für die Öffentlichkeit freizugeben, klicken Sie auf **Jeder (öffentlich)**: Wenn Sie diese Funktion nutzen, sollte Ihnen jedoch klar sein, dass jede beliebige Person Zugriff auf Ihre hochgeladenen Dateien hat. Überlegen Sie also genau, ob Sie dies möchten. Sie können nur die Zugriffsrechte für Hauptordner ändern. Einzelne Dateien oder Unterordner können keine anderen Zugriffsrechte haben als der Hauptordner, in dem sie liegen.

In Kapitel 6 lernen Sie alternative Wege zum Freigeben und Benachrichtigen kennen.

Für Kinder gilt: Wenn deren Windows Live ID von ihren Eltern mit Windows Live Family Safety (siehe Kapitel 10) kontrolliert wird, können sie Dateien nur mit den Personen in ihrer Kontaktliste teilen.

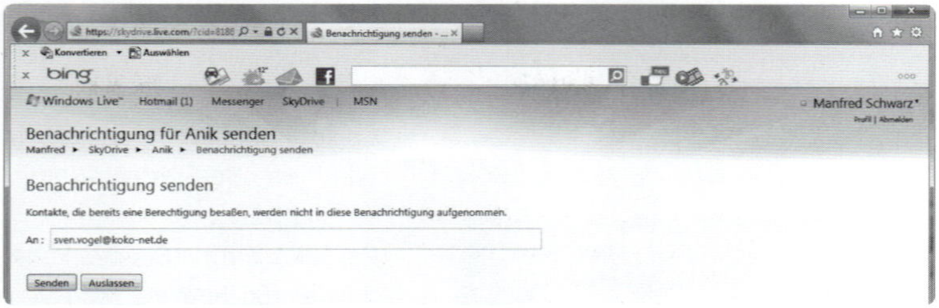

Bild 2.20 Eine Benachrichtigung über eine Freigabe versenden

Bild 2.21 Daten als Zip „stauchen“ und verpacken

Große Dateien zippen

Das Zippen von Dateien haben Sie gerade beim Download kennengelernt. Sie können es ebenso nutzen, wenn Sie große Dateien hochladen möchten. Am einfachsten geht das Komprimieren mit einem bordeigenen Werkzeug von Windows 7: Klicken Sie dazu mit der rechten Maustaste auf eine Datei oder einen Ordner, wählen Sie **Senden an** und **ZIP-komprimierten Ordner** (Bild 2.21).

Schneller Zugriff auf SkyDrive

In Kapitel 1 haben Sie gelesen, dass in der Windows-Live-Welt immer mehrere Wege zum Ziel führen. Das gilt auch für das Arbeiten mit Ihrer Online-Speicherplatte. Um Ihnen dies – fast – so einfach zu machen, wie das Arbeiten mit lokalen Laufwerken, gibt es gleich mehrere Lösungen. Die einfachste eröffnet Ihr Browser.

SkyDrive-Website in der Taskleiste fixieren

Eine nützliche Funktion des Internet Explorer 9 ist die Möglichkeit, oft besuchte Websites in der Taskleiste am Bildschirmrand zu fixieren.

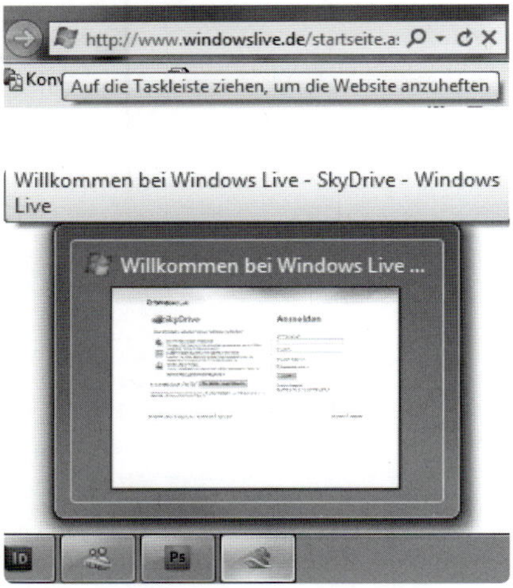

Bild 2.22 Schneller Zugriff über die Taskleiste

Zeigen Sie dazu in der Adresszeile des Browsers auf das Icon links neben der URL. Klicken Sie darauf, und ziehen Sie den Link in die Taskleiste.

Ab sofort haben Sie von hier aus Zugriff, zum Beispiel auf die Windows-Live-Startseite oder Ihre SkyDrive-Online-Festplatte (Bild 2.22).

Per Klick öffnen Sie das Fenster, und wenn Sie im Anmeldefenster für Ihr Windows-Live-Konto die Option **Angemeldet bleiben** aktiviert haben, haben Sie sofort Zugriff auf Ihre SkyDrive-Daten.

Cloud Desktop von Gladinet

Gladinets kleines Programm **Cloud Desktop** bindet diverse Cloud-Dienste an den eigenen Windows-Desktop. Dazu zählt auch Windows Live SkyDrive. Cloud Desktop verzahnt somit Online-Speicher und lokalen Arbeitsplatz miteinander.

Die englischsprachige Software ist in der Starter-Edition kostenlos. Sie auszuprobieren, lohnt sich. Rufen Sie dazu in Ihrem Browser die Adresse **www.gladinet.com/p/down-**

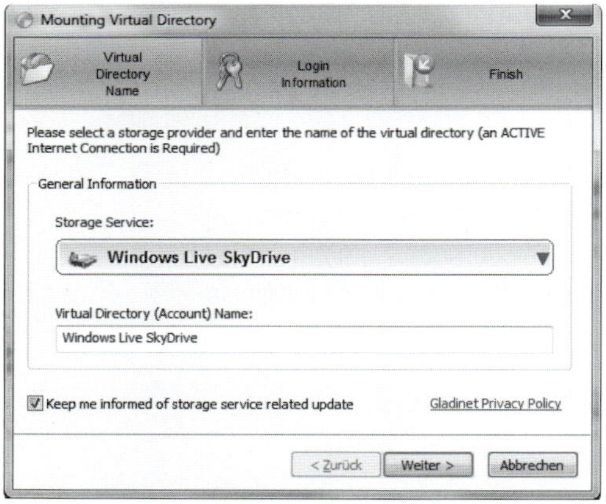

Bild 2.23 SkyDrive auswählen

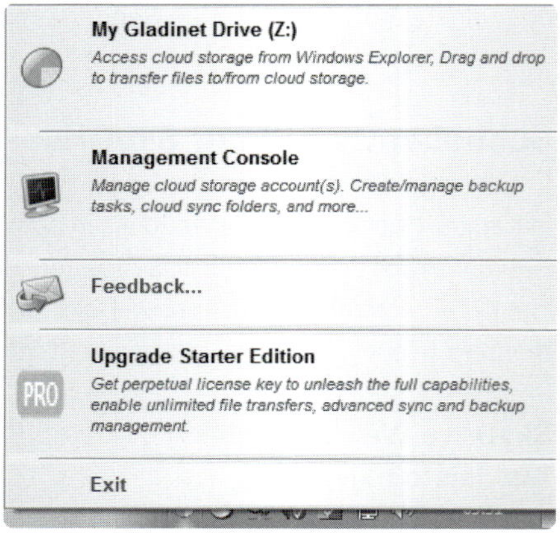

Bild 2.24 Der schnelle Zugriff

load_starter_direct.htm auf. Klicken Sie unter **Free Starter Edition** auf die Variante für Ihr Betriebssystem (**32-bit** oder **64-bit**). Speichern Sie die Setup-Datei, und doppelklicken Sie darauf. Folgen Sie den Anweisungen des Assistenten. Wählen Sie in dessen Verlauf die Starter-Edition, klicken Sie auf **Add My Cloud Storage**, und wählen Sie Windows Sky-Drive als Anbieter aus (Bild 2.23).

Die Software legt neben einem eigenen Netzlaufwerk ein Symbol in der Taskleiste an, von wo aus sie sich zentral steuern lässt (Bild 2.24). Eingebundene Online-Speicher stellt das Programm jeweils in einem separaten Ordner im Gladinet-Netzlaufwerk dar. Zugriff auf Ihr SkyDrive haben Sie über den Explorer (Bild 2.25).

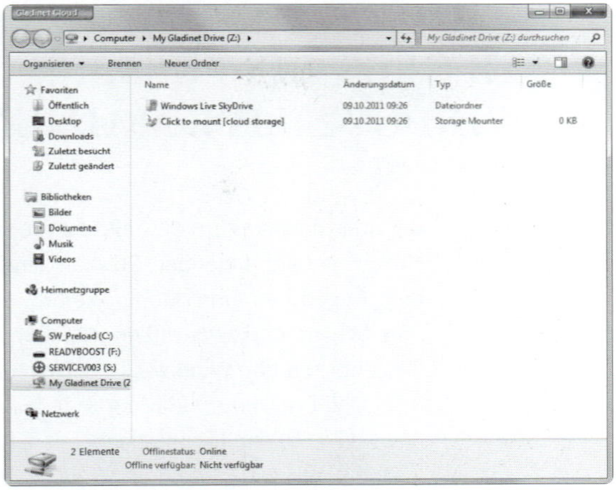

Bild 2.25 SkyDrive integriert in den Windows Explorer

Gearbeitet wird im Prinzip wie mit einer lokalen Platte, die Zugriffszeiten hängen dabei von der eigenen Bandbreite ab.

Bereit fürs Cloud-Computing

Mit der Installation der Windows Live Essentials und des Internet Explorer 9 sowie der Einrichtung Ihrer Windows Live ID und Ihres Online-Speichers sind Sie rundum vorbereitet, ins Cloud-Computing einzusteigen. Im nächsten Kapitel geht es dabei als Erstes ums Mailen.

WEB TAGS

SkyDrive
Gladinet
Internet Explorer
Markierung
Windows Explorer
Zippen
Windows Live ID
Taskleiste
Cloud Desktop

3 AB GEHT DIE POST: WINDOWS LIVE MAIL UND HOTMAIL

Windows Live kann mehr, als die meisten Nutzer ahnen. Eine der Stärken liegt in den Angeboten und Möglichkeiten rund ums Mailen, und zwar offline wie online.

So gehört zu den Windows Live Essentials das Mail-Programm Mail und jede Windows Live ID ist automatisch mit einem E-Mail-Konto samt Webmail-Möglichkeiten verknüpft. Hier kommt Windows Live Hotmail, kurz Hotmail, ins Spiel.

Mit diesen beiden „Mail-Geschwistern" haben Sie Ihren gesamten Mail-Verkehr bequem und umfassend im Griff.

In diesem Kapitel lernen Sie vor allem das Arbeiten mit Hotmail kennen, da Sie bei der Online-Variante der beiden Mail-Programme auch sehr bequem weitere Möglichkeiten aus der Windows-Live-Welt nutzen können, zum Beispiel das Chatten.

Zudem ist Hotmail im Web, in der Cloud, zu Hause. Das bedeutet, dass Sie mit einem Internet-Zugang auch per Smartphone darauf zugreifen können (siehe Kapitel 9).

Außerdem arbeitetet Windows Live Mail sehr ähnlich und die Daten beider Programme werden bei jedem Anmelden automatisch synchronisiert.

Aber auch auf Windows Mail werfen wir am Ende des Kapitels einen Blick.

Windows Live Mail und Hotmail im Überblick

Mit den beiden Mail-Programmen von Windows Live können Sie unter anderen diese Aufgaben erledigen:

- E-Mail-Konten einrichten
- E-Mails schreiben, empfangen und verwalten – auch über mehrere E-Mail-Konten bei verschiedenen Providern

URL

Das sind die Links zu Windows Live Mail und Hotmail:

- http://windowslivehelp.com/product.aspx?productid=1 (Hotmail)
- www.windowslive.de/Hotmail/Hotmail-Tutorials.aspx
- http://windowslivehelp.com/product.aspx?productid=15 (Windows Live Mail)
- http://www.windowslive.de/Hotmail/grussuebersicht.aspx

- Einen oder mehrere Terminkalender verwalten – mit Erinnerungen, Serienterminen und mehr (siehe Kapitel 4)
- Einen Online-Kalender führen und anderen Personen den Zugriff darauf gewähren
- Kontakte verwalten mit privaten und geschäftlichen Adressdaten und eigenen Kategorien
- Mit Schnellansichten direkt Zugriff etwa auf Office-Dokumente erhalten

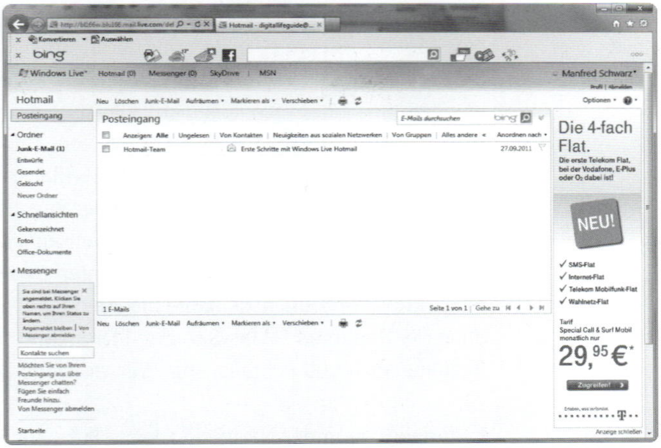

Bild 3.1 Der Posteingang von Hotmail, links die Navigationsleiste

Konten und Kontakte

Einige dieser Funktionen lernen Sie in diesem Kapitel kennen. Los geht es mit dem Starten von Hotmail und dem Arbeiten mit mehreren Konten und mit Kontakten.

Hotmail starten

Registriert haben Sie sich bereits bei Hotmail – über Ihre Windows Live ID.

1. Rufen Sie in Ihrem Browser die URL **www.windowslive.de/** auf.
2. Melden Sie sich via **Login/Posteingang (Hotmail)** mit Ihren Benutzerdaten an.
3. Sie sehen Ihren Posteingang mit Ihrer ersten Mail (Bild 3.1).

Mail-Konten hinzu

Wahrscheinlich verfügen Sie aber bereits über ein E-Mail-Konto bei einem oder mehreren anderen Providern. Falls Sie mehrere E-Mail-Konten haben, ist es kein Problem, diese gemeinsam zu verwalten. Es kann nützlich sein, verschiedene

> **SPARTIPP**
> Setzen Sie beim Anmelden bei Hotmail bei **Angemeldet bleiben** ein Häkchen, so brauchen Sie sich nicht jedes Mal neu anzumelden.

E-Mail-Konten für unterschiedliche Zwecke zu nutzen, zum Beispiel eine für Allgemeines, eine für enge Freunde, weitere für Beruf, Hobby usw.
Sie können sogar mehrere Windows-Live-IDs mit oder ohne zusätzliche Hotmail-Konten anlegen. So sichern Sie sich nicht zuletzt noch mehr Online-Speicher auf SkyDrive.
In Hotmail können Sie E-Mail-Konten von Anbietern wie Google Mail, AOL Mail und Yahoo! Mail einbinden. So können Sie E-Mails von all diesen Konten direkt in Hotmail senden, empfangen und verwalten. In der Regel sollten Live Mail und Hotmail Ihre Kontoeinstellungen erkennen und das Konto automatisch einrichten.
Bei der Einrichtung einiger Konten könnten Daten von Ihrem Anbieter oder Netzwerkadministrator erforderlich sein, die Sie dann manuell eingeben können. Sie benötigen dazu dann den Typ Ihres E-Mail-Servers (POP3, IMAP oder HTTP) sowie Name und Details für Posteingangs- und Postausgangs-Server (siehe Schritt 3).

1. Zeigen Sie in der Navigationsleiste links auf **Posteingang**, klicken Sie auf das kleine „Toolsymbol" (Zahnrad) und anschließend auf **E-Mails von anderem Konto abrufen**.
2. Sie können auch das Optionsmenü rechts oben via **Weitere Optionen** aufrufen. Gehen Sie hier unter **Konto verwalten** auf **E-Mails von anderen E-Mail-Konten aus senden/empfangen**.
3. Klicken Sie auf **E-Mail-Konto hinzufügen**, geben Sie die E-Mail-Adresse und das Kennwort für das hinzuzufügende Konto ein, und klicken Sie auf **Erweiterte Optionen**, um gegebenenfalls zum Beispiel die Angaben zum Posteingangs-Server Ihres Providers einzugeben (Bild 3.2). Klicken Sie auf **Weiter**.
4. Nehmen Sie die weiteren Einstellungen vor, mit denen Sie steuern, wo die Mails dieses Kontos abgelegt werden sollen. (Bild 3.3).

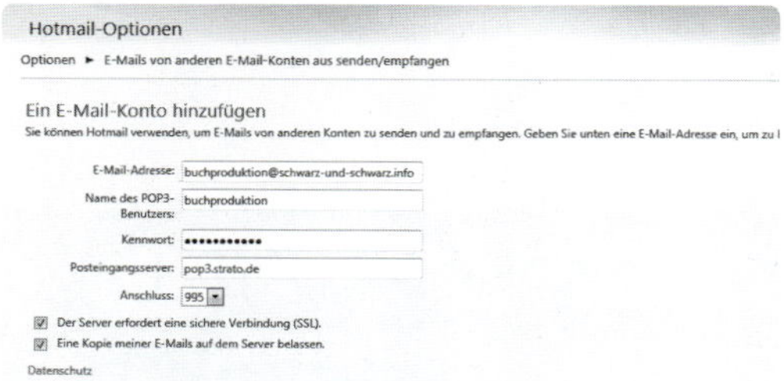

Bild 3.2 **Erweiterte Optionen** festlegen

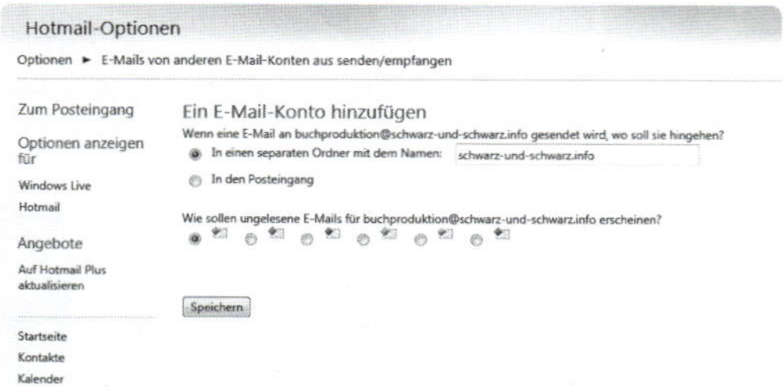

Bild 3.3 Die Postablage individuell steuern

5. Klicken Sie auf **Speichern**.
6. Wechseln Sie via Klick zurück **Zum Posteingang**.

Wie gesagt, manuelle Angaben zu den Servern sind nur erforderlich, falls Hotmail diese nicht automatisch ermitteln kann.

VORSICHT

Um andere Konten einzubinden, muss der POP-Zugang bei Ihrem anderen Anbieter aktiviert sein. Bei einigen E-Mail-Diensten ist POP standardmäßig deaktiviert. Daher sollten Sie die Einstellungen überprüfen.

Kontakte einbinden

Startseite
Kontakte
Kalender

Die zweite wichtige Aufgabe für das Arbeiten mit Hotmail ist das Importieren von Kontakten. In der Regel verfügen Sie ja bereits darüber. In Hotmail können Sie ganz einfach Ihre Kontaktlisten importieren, und zwar von anderen E-Mail-Anbietern, Outlook oder von Social-Network-Websites wie Facebook, MySpace und LinkedIn. Dazu haben Sie mehrere Möglichkeiten. WIr schauen uns drei an:

1. Klicken Sie im linken Bereich des Posteingangs auf **Kontakte**.
2. Klicken Sie unter **Freunde** auf **Personen hinzufügen**.
3. Nun können Sie einzelne E-Mail-Adressen direkt eingeben. Getrennt werden mehrere Eingaben durch ein Leerzeichen.
4. Klicken Sie auf **Weiter** (Bild 3.4).
5. Klicken Sie auf **Einladen**. An den oder die Kontakte wird eine Einladung gesendet.
6. Sie können nun weitere Adressen direkt eingeben.
7. Oder Sie importieren unter **Personen von anderen Diensten hinzufügen** gleich eine komplette Kontaktliste, etwa aus Facebook.
8. Klicken Sie auf das Facebook-Logo.
9. Wählen Sie aus, welche Daten übernommen und wie beide Konten verbunden werden sollen. Klicken Sie auf **Mit Facebook verbinden** (Bild 3.5).

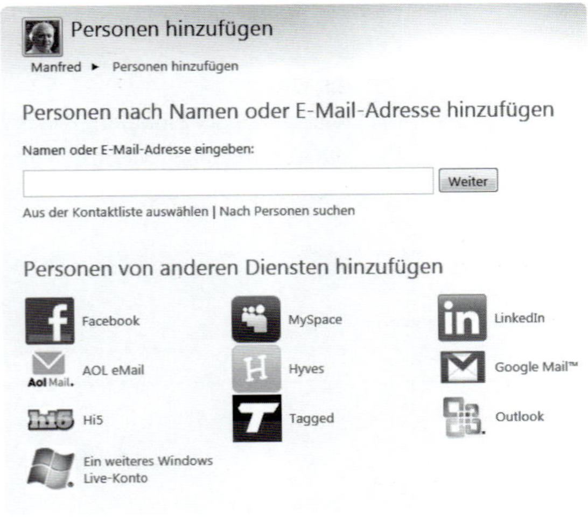

Bild 3.4 Hotmail zum Beispiel mit Facebook verbinden

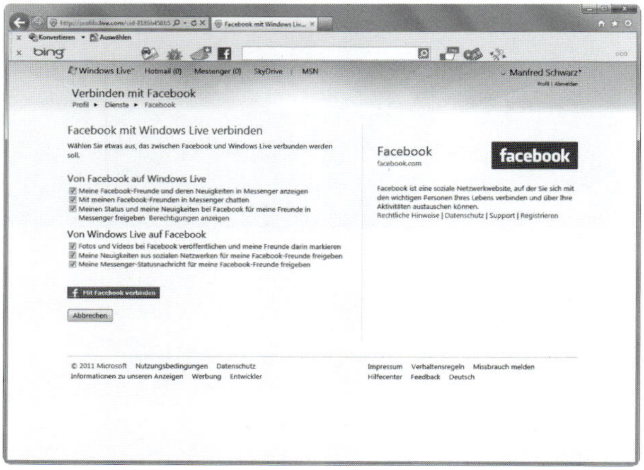

Bild 3.5 Mit Facebook vernetzen

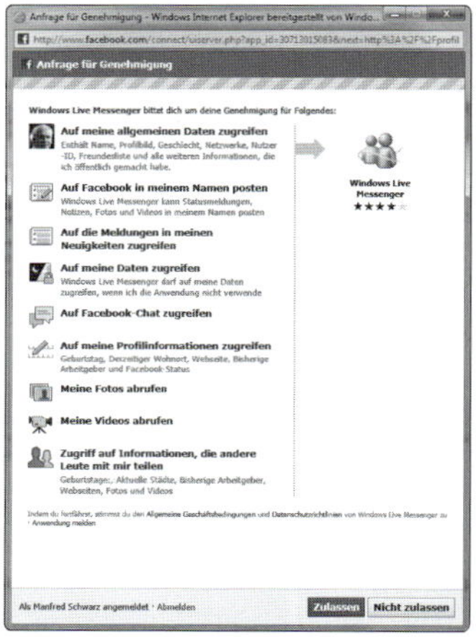

Bild 3.6 Den Zugriff genehmigen

10. Geben Sie Ihre Facebook-Zugangsdaten ein, und klicken Sie auf **Anmelden**.
11. Klicken Sie auf **Zulassen** (Bild 3.6).
12. Klicken Sie auf das Facebook-Logo.
13. Bestätigen Sie die Frage, ob Sie die Kontakte mit Windows Live teilen möchten mit **OK**.
14. Klicken Sie auf **Einladen** (Bild 3.7).
15. Um Kontakte aus Outlook zu importieren, klicken Sie unter **Personen von anderen Diensten hinzufügen** auf das Outlook-Logo.

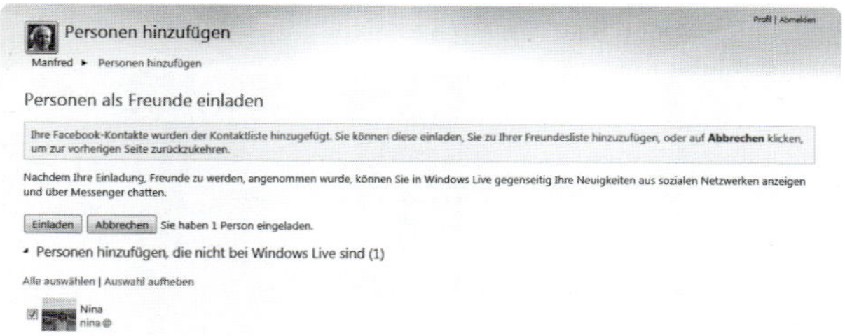

Bild 3.7 Freunde einladen

16. Wählen Sie eine aus Outlook exportierte sogenannte CSV-Datei aus, und klicken Sie auf **Kontakte importieren** (Bild 3.8).
17. Kehren Sie zurück zu Ihren Kontakten (Bild 3.9).

Mehr zu Microsoft Outlook und CSV-Dateien lesen Sie im DIGITAL*lifeguide*-Band „Outlook“.

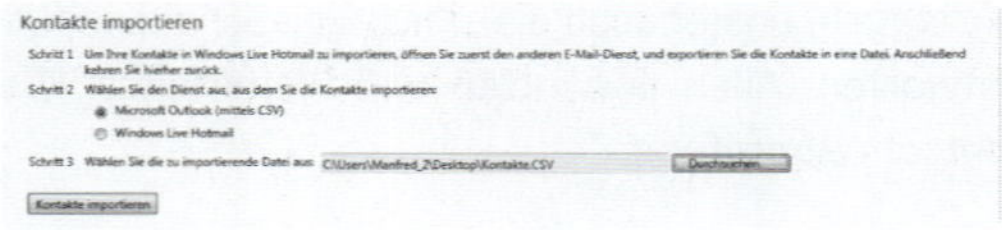

Bild 3.8 Kontakte importieren

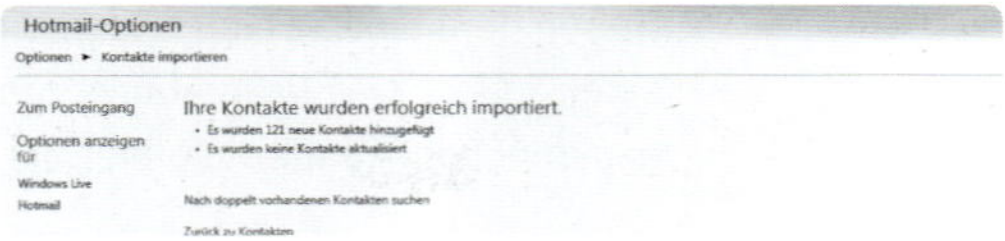

Bild 3.9 Übersicht über importierte Kontakte

Mails schreiben

Sobald Sie Hotmail mit all Ihren Konten und Kontakten „gefüttert" haben, können Sie über die Webmail-Oberfläche eine E-Mail schreiben. Melden Sie sich, falls noch nicht geschehen, bei Hotmail an, zum Beispiel via **www.hotmail.de** mit Ihren Login-Daten.

1. Klicken Sie auf den Menüpunkt **Neu** im linken oberen Bereich Ihres Posteingangs.
2. Eine leere E-Mail wird auf dem Bildschirm angezeigt (Bild 3.10). Sie müssen den Empfänger angeben, an den Sie Ihre E-Mail senden möchten. Klicken Sie auf die Schaltfläche **An**, um eine Liste all Ihrer Windows-Live-Kontakte zu sehen.
3. Klicken Sie auf das kleine Kästchen vor einem Namen. Dieser wird automatisch in das **An**-Feld eingetragen.
4. Schließen Sie das Adressbuch, geben Sie einen Betreff und eine Nachricht ein, und klicken Sie auf die Schaltfläche **Senden**, um Ihre Nachricht abzuschicken.
5. Kehren Sie zurück zum Posteingang.

Gratulation! Sie haben Ihre erste E-Mail via Hotmail verschickt, und zwar direkt. Denn „indirekt" haben Sie bereits in Kapitel 2 beim Benachrichtigen über SkyDrive-Freigaben eine Nachricht verschickt, die die Hotmail-Power nutzte – aber eben indirekt, weil bei Windows Live alle Elemente vor und hinter den Kulissen miteinander verzahnt sind.

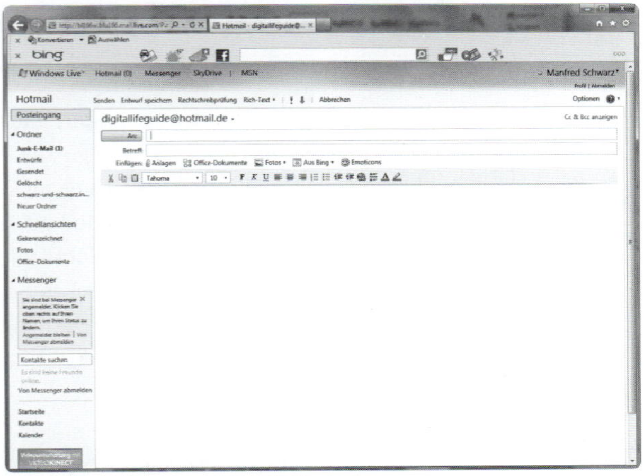

Bild 3.10 Ein leeres Mail-Formular – bereit für die erste Nachricht

Neben dem Eintrag **Neu** finden Sie im Hotmail-Fenster auch die „Klassiker-Schaltflächen" eines jeden Mail-Programms zum **Antworten**, **Allen antworten** und **Weiterleiten**. Genauso nutzen können Sie hier die **Rechtschreibprüfung**.

E-Mails individualisieren

Sie können Ihren E-Mails zum Beispiel ein professionelles Aussehen oder eine persönliche Note verleihen, indem Sie eine Standard-Schriftart auswählen oder eine Signatur hinzufügen. Sie können sogar unterschiedliche Signaturen für dienstliche und private E-Mails erstellen. Standard-Schriftart und Signatur werden in jedem Fall in allen E-Mails verwendet, die Sie in Windows Live Hotmail schreiben. Oder fügen Sie Kontaktinformationen ein, verwenden Sie individuelle Farben, oder wenden Sie Schriftformatierungen an. Sie können sogar für jede Mail die Schriftart, die Schriftgröße und den Schrifttypen ändern. Klicken Sie dazu ganz oben im Hotmail-Posteingang auf **Neu**, um eine Nachricht zu verfassen. Geben Sie den Nachrichtentext ein, wie Sie es gewohnt sind. Dann markieren Sie mit der Maus den Text, den Sie ändern möchten. Direkt über dem Text Ihrer Nachricht finden Sie die Formatierungsmöglichkeiten. Markieren Sie den gewünschten Text und wählen einfach eine andere Größe aus. Genauso können Sie auch den Schrifttyp (zum Beispiel **Kursiv**, **Fett**, **Schriftfarbe** oder **Ausrichtung** usw.) ändern.

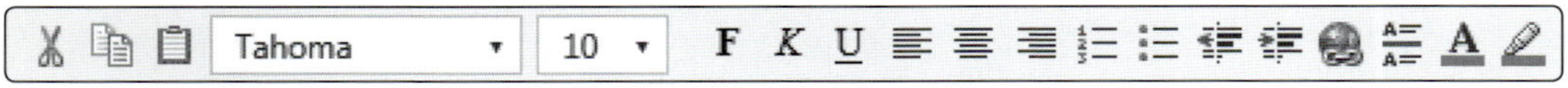

So wählen Sie eine Standard-Schriftart aus oder erstellen eine Signatur in Hotmail:

1. Klicken Sie im Hotmail-Posteingang auf **Optionen** und dann auf **Weitere Optionen**.
2. Klicken Sie unter **E-Mail schreiben** auf **Schriftart und Signatur für Nachrichten**.
3. Wählen Sie eine Schriftart mit **Schriftgrad** und Schnitt (**Fett** etc.) aus, oder erstellen Sie eine eigene Signatur, und klicken Sie auf **Speichern**.
4. Wechseln Sie zu Ihrem Hotmail-Posteingang, und klicken Sie dann auf **Neu**, um eine E-Mail versehen mit Ihrer neuen Schriftart und Signatur anzulegen.

Hotmail-Grüße verschicken

Hotmail bietet Ihnen auch viele Ideen zum Verschicken von Mails. So können Sie Grüße für ganz verschiedene Anlässe verschicken – mit vorgefertigten Hotmail-Karten. Unter

www.windowslive.de/hotmail/grussuebersicht.aspx finden Sie viele Ideen hierzu, und zwar in den Rubriken: Geburtstag, Urlaub, Ostern, Valentinstag, Karneval, Neujahr und Weihnachten. Klicken Sie auf eine der Rubriken. Ein Klick auf einen Gruß (Bild 3.11) verbindet Sie dann mit Ihrem Hotmail-Konto.

Nach Ihrer Anmeldung haben Sie die fertige E-Mail direkt in Ihrem E-Mail-Fenster. Tragen Sie den oder die Empfänger in die Adresszeile ein. Vielleicht möchten Sie den Text auch noch etwas persönlicher gestalten (Bild 3.12).

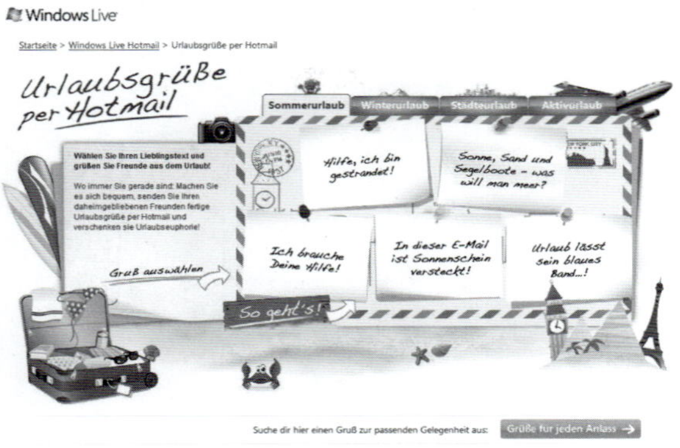

Bild 3.11 Hotmail-Grüße auswählen

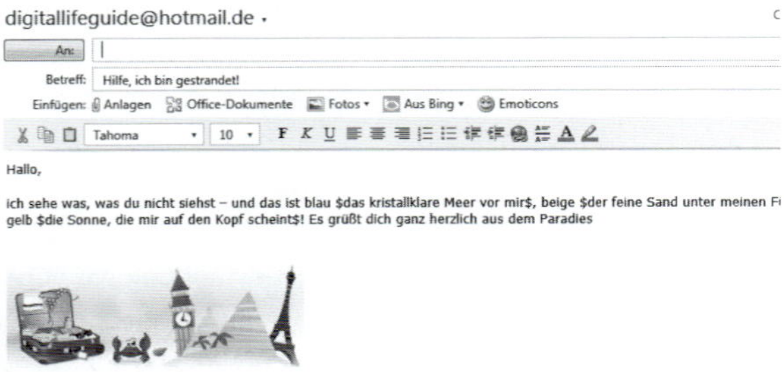

Bild 3.12 Die Hotmail-Urlaubsgrüße verschicken

Hotmail hat noch mehr zu bieten

Das waren die Hotmail-Grundlagen: Kontakte importieren und einfügen, Nachrichten schreiben und sie individuell gestalten. Doch Hotmail bietet noch viel mehr Möglichkeiten. Einige sollen hier kurz vorgestellt werden.

Ansicht des Posteingangs ändern

So ändern Sie zum Beispiel den Lesebereich der Nachrichten in Ihrem Hotmail-Posteingang:

1. Öffnen Sie Windows Live Hotmail, und wechseln Sie zum **Posteingang**.
2. Die Liste der neuen Nachrichten erscheint in der linken mittleren Spalte. Klicken Sie auf eine der Nachrichten, damit diese im rechten Fenster angezeigt wird.
3. Öffnen Sie das Menü **Optionen** oben rechts.

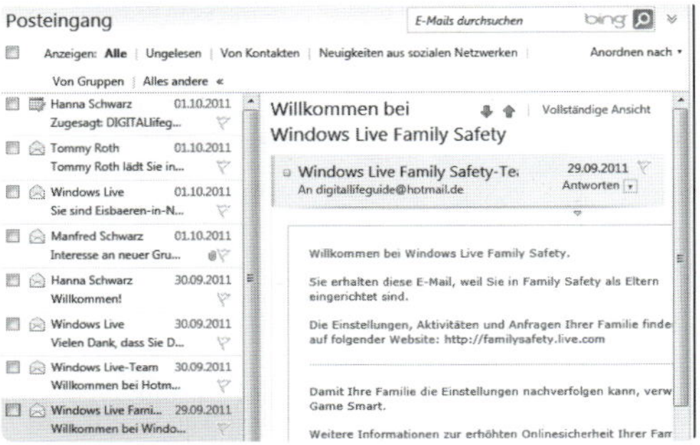

Bild 3.13 Zwei Optionen ...

Bild 3.14 ... für den Lesebereich

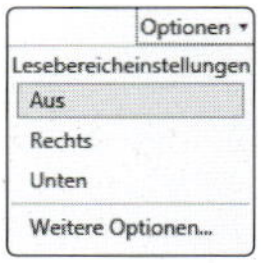

4. Wählen Sie nun einen anderen Lesebereich aus. Deaktivieren Sie den Lesebereich, zeigen Sie ihn im rechten Bereich der Seite (Bild 3.13) oder unten auf der Seite an (Bild 3.14).
5. Wählen Sie eine Nachricht in Ihrem Posteingang aus, um eine Vorschau der Nachricht im Lesebereich zu erhalten.

Umgang mit Junk-E-Mail

Spam oder Junk-E-Mail ist sehr lästig. Hotmail tut einiges dagegen. Von Windows Live wird die SmartScreen-Technologie verwendet, mit der Spam-Mails abgefangen werden, bevor sie Ihren Posteingang erreichen. Dennoch können ab und zu Spam-Nachrichten in Ihren Posteingang gelangen oder es werden versehentlich erwünschte Nachrichten in Ihren Junk-E-Mail-Ordner abgelegt. So reagieren Sie darauf:

1. Wenn Sie eine Nachricht in Ihrem Posteingang sehen, die Sie für Spam halten, klicken Sie links neben der Nachricht auf das Kontrollkästchen, und klicken Sie anschließend im Menü auf **Junk-E-Mail**.
2. Oder klicken Sie mit der rechten Maustaste auf die Betreffzeile und wählen **Junk-E-Mail** aus.
3. Wenn sich eine Nachricht in Ihrem Ordner **Junk-E-Mail** befindet, die kein Spam ist, klicken Sie auf das Kontrollkästchen neben der Nachricht und dann auf **Keine Junk-E-Mail** (Bild 3.15) oder verschieben Sie die E-Mail aus dem Ordner **Junk-E-Mail** per Drag-and-Drop in Ihren Posteingang.

Schnellansichten wählen

Mit den Schnellansichten von Hotmail erhalten Sie jederzeit sofort einen Überblick über alle Ihre E-Mail-Konten. Sie befinden sich immer im oberen Abschnitt der Navigationsleiste am linken Rand. Geschlossene Abschnitte öffnen Sie mit einem Klick auf das kleine Dreieck im Titel.

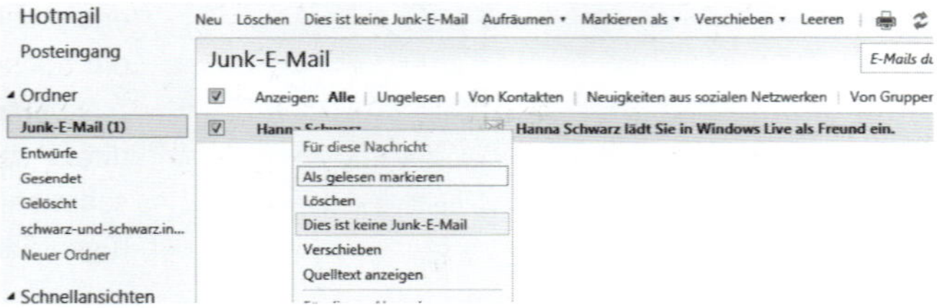

Bild 3.15 Junk-Mail-Einstellungen vornehmen

Im Abschnittstitel **Schnellansichten** sehen Sie die Einträge **Gekennzeichnet, Fotos** und **Office-Dokumente.** Ein Klick auf den letzten der Einträge listet zum Beispiel all Ihre Mails mit angehängten Office-Dokumenten auf (Bild 3.16). So können Sie sich schneller einen Überblick über diese verschaffen.

Sie können zudem per Mausklick die Office-Datei online anzeigen und bearbeiten (mehr dazu lesen Sie in Kapitel 9). Zurück zur Mail gelangen Sie über die **Zurück**-Schaltfläche links oben im Browser-Fenster.

In Hotmail chatten

Hotmail ist nicht nur ein Mail-Programm, sondern eine umfassende Kommunikationszentrale. Denn Sie können mit Ihren Windows-Live-Messenger-Kontakten chatten, ohne dabei Ihren Posteingang in Hotmail zu verlassen. Zeigen Sie an, wer gerade online ist, und senden Sie Sofortnachrichten - alles von einem einzigen Ort aus.

Geben Sie im linken Bereich des Posteingangs unter **Messenger** einen Namen im Feld **Kontakte durchsuchen** ein, um einen Kontakt zu suchen und dessen Status anzuzeigen. Zeigen Sie auf einen Kontakt, um eine Liste von Sofortnachrichtenoptionen anzuzeigen - oder klicken Sie einfach darauf, um ein Messenger-Fenster zu öffnen und eine Sofortnachricht zu senden (mehr dazu lesen Sie in Kapitel 5).

Anlagen einfügen

Natürlich können Sie auch Anlagen einfügen. Klicken Sie dazu in der Leiste oberhalb des Textfeldes auf **Anlagen**, auf **Office-Dokumente** oder auf **Fotos**, und öffnen Sie die

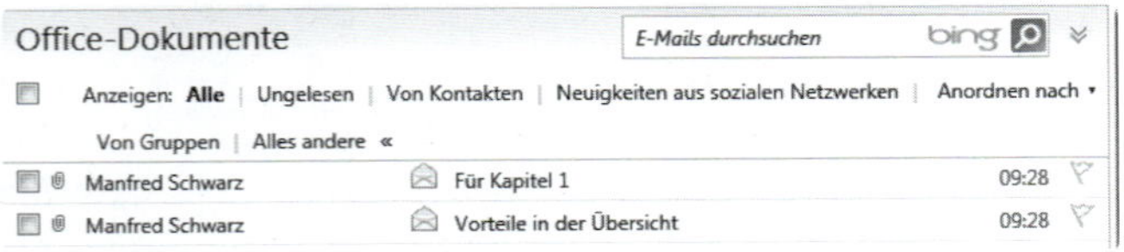

Bild 3.16 Schnellansicht mit Office-Dokumenten

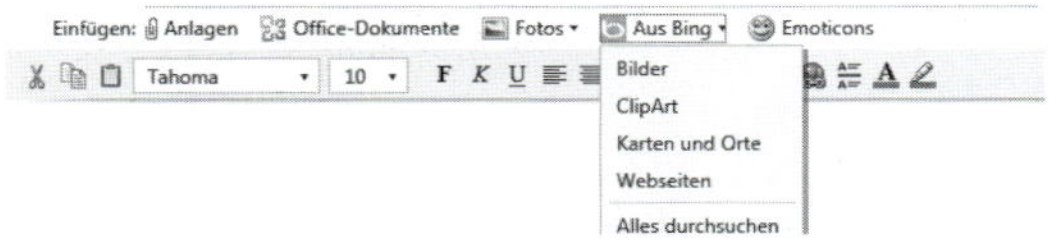

Bild 3.17 Inhalte aus der Suchmaschine Bing einfügen

entsprecheden Datei (Bild 3.17). Sie können die Suchmaschine Bing verwenden, um im Web zu suchen und die Rechercheergebnisse dann direkt der E-Mail hinzuzufügen, die Sie gerade schreiben, ohne dabei Hotmail zu verlassen. So fügen Sie einer Mail Bing-Ergebnisse hinzu:

1. Klicken Sie oben in einer Nachricht auf der Leiste **Einfügen** auf **Von Bing** (Bild 3.17).
2. Klicken Sie in der Dropdown-Liste auf den hinzuzufügenden Inhaltstyp, im Beispiel **Karten und Orte**. Der Bereich **Schnell hinzufügen** wird rechts angezeigt (Bild 3.18).
3. Geben Sie den gewünschten Suchbegriff in das Suchfeld ein. Sie können Stichwörter oder bestimmte Namen wie Restaurants oder Städte eingeben, um die gewünschten Inhalte zu finden.
4. Durchsuchen Sie die Optionen in den Suchergebnissen, und klicken Sie dann auf **Einfügen**, um die Informationen automatisch in Ihre Nachricht einzufügen (Bild 3.18).

Sie sehen, Hotmail ist eng vernetzt – mit Bing, Messenger und, und, und. Zur Windows-Live-Familie gehört, wie zu Beginn des Kapitels angesprochen, auch Windows Live Mail. Auf diese Offline-Variante, die natürlich auch online gehen kann, werfen wir jetzt zur Abrundung einen Blick.

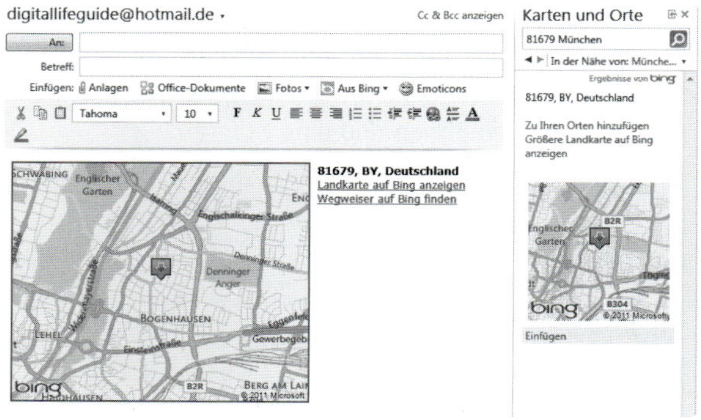

Bild 3.18 Eine Bing-Karte – eingefügt in eine Mail

Windows Live Mail

Live Mail hat den Vorteil, dass Sie es offline nutzen können, ohne also immer im Internet sein zu müssen. Und es bietet ein paar Möglichkeiten mehr als Hotmail, etwa bei den Schnellansichten, beim Sortieren oder beim Filtern von E-Mails.

Nach dem ersten Start von Windows Live Mail aus dem Windows-Start-Menü richten Sie zunächst gegebenenfalls Ihre weiteren E-Mail-Konten ein.

Auch IMAP-Konten kann Live Mail verwalten – bei der Einrichtung erhalten Sie einen entsprechenden Hinweis. In der Regel sind manuelle Server-Angaben aber ebenso wenig nötig wie bei Hotmail (siehe vorne), da Windows Live Mail alles selbst einrichtet. Aber Sie haben auch hier die Möglichkeit, Konten individuell einzurichten.

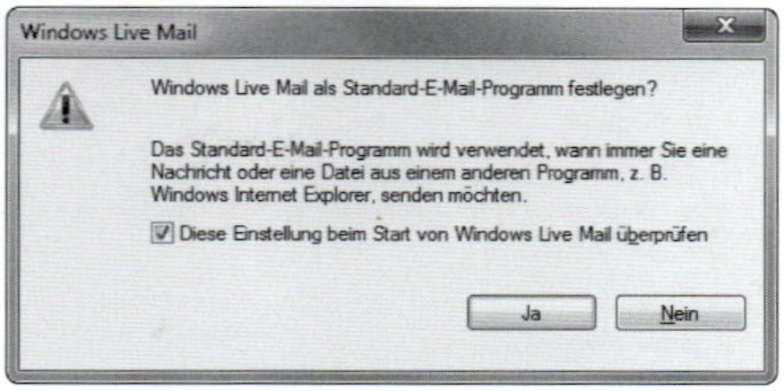

Bild 3.19 Das Standard-Mail-Programm festlegen

Live Mail starten und Konten einrichten

Mit wenigen Klicks machen Sie Live Mail startklar:

1. Starten Sie Windows Live Mail über **Start** > **Alle Programme** > **Windows Live Mail**.
2. Beim ersten Start werden Sie gefragt, ob Sie Windows Live Mail als Standard-Mail-Programm einrichten möchten (Bild 3.19). Bestätigen Sie mit **Ja**.
3. Das Windows-Live-Mail-Fenster wird geöffnet (Bild 3.20).
4. Öffnen Sie nun den Bereich **Konten** > **E-Mail**.
5. Wählen Sie den Kontotyp **E-Mail-Konto**, und klicken Sie **Weiter**.
6. Geben Sie Ihre E-Mail-Adresse, das zugehörige Kennwort und den Anzeigenamen in die vorgesehenen Felder ein.
7. Klicken Sie dann auf **Weiter** (Bild 3.21).
8. Tragen Sie gegebenenfalls die Server-Einstellungen Ihres Providers ein, und klicken Sie auf **Weiter**.
9. Kicken Sie auf **Fertigstellen**, um die Einrichtung das Kontos abzuschließen.

Sie können auch in Windows Live Mail E-Mail-Nachrichten aus anderen Mail-Programmen importieren, so dass Sie sie in Live Mail ansehen kön-

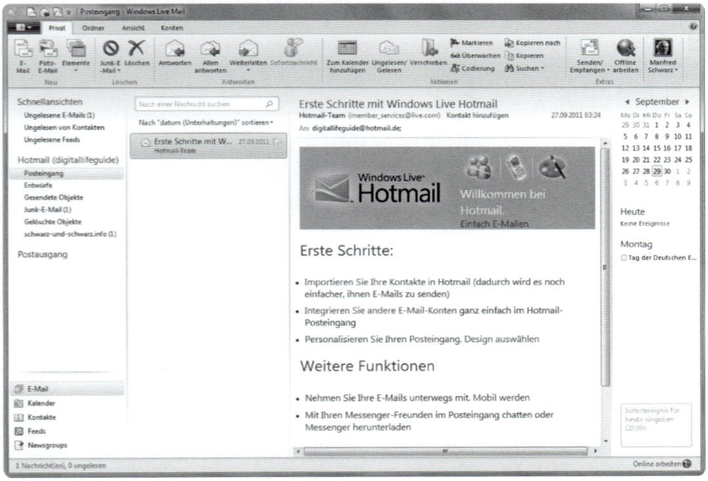

Bild 3.20 Der Posteingang von Windows Live Mail

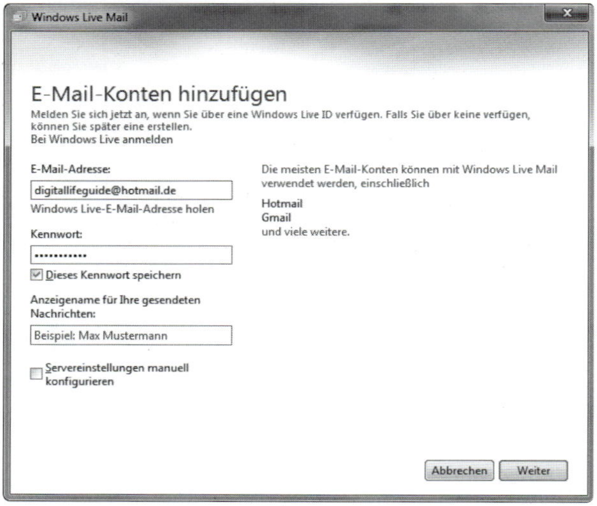

Bild 3.21 Mail-Konten in Windows Live Mail hinzufügen

nen. Starten Sie dazu Windows Live Mail. Klicken Sie im Menü **Datei** (ganz links) auf **Nachrichten importieren**. Wählen Sie nun **Nachrichten**, und folgen Sie den Anweisungen auf dem Bildschirm. Die importierten Nachrichten erscheinen links in der Ordnerübersicht.

Mit Windows Live Mail können Sie E-Mails aus den Programmen Microsoft Outlook Express 6, Windows Mail und Windows Live Mail importieren. Falls Sie nicht sicher sind, welche Version Ihr Mail-Programm hat, aus dem Sie Nachrichten importieren möchten, durchsuchen Sie die Hilfedatei des Programms.

Sobald Sie sich rechts oben im Windows-Live-Mail-Fenster bei Windows Live anmelden, werden Ihre Änderungen aller Windows-Live-Dienste automatisch synchronisiert, also auch die zwischen Ihren Windows-Live-Mail- und Windows-Live-Hotmail-Konten. So sind Sie immer und überall auf dem neuesten Stand (Bild 3.22).

E-Mails filtern und sortieren

Bei Windows Live Mail haben Sie viele Möglichkeiten, das Aussehen des Programms, etwa bei Ansichten und Schnellansichten, individuell einzurichten. Und Sie können das Arbeiten mit Ihren Mails sehr effizient gestalten, etwa durch das Arbeiten mit Regeln. Probieren Sie sie aus.

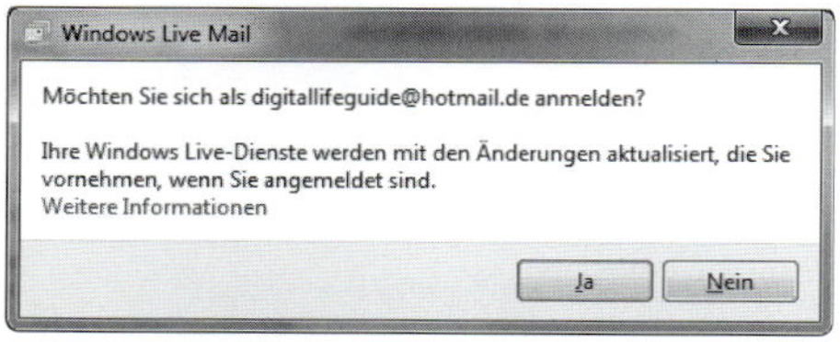

Bild 3.22 Das Hotmail-Konto anmelden

Um Ihre E-Mails innerhalb eines Ordners zu organisieren, können Sie Ansichten definieren, die Nachrichten anhand bestimmter Bedingungen anzeigen oder ausblenden.

Nutzen Sie dafür zum Beispiel die komfortable Such- und Sortierfunktionen: Markieren Sie einen Nachrichtenordner in der linken Ordnerleiste. Die Kopfzeilen der vorhandenen Nachrichten werden nun rechts davon in der Nachrichtenliste angezeigt. Sie können diesen Bereich übrigens verbreitern, indem Sie die Trennlinie mit gedrückter Maustaste nach rechts ziehen. Oben in der Nachrichtenliste sehen Sie das **Suchfeld**. Hier eingegebene Suchbegriffe werden in den Kopfzeilen und Nachrichtentexten gesucht. Unterhalb des Suchfelds sind etwas unscheinbar die Sortieroptionen angeordnet, erkennbar am Text **Nach (Kriterium) sortieren**. Klicken Sie darauf, und wählen Sie das Sortierkriterium: **Von, Datum (Unterhaltungen), Betreff, Größe, Priorität, Anlage, Markierung, Beachtete Objekte** oder **Ordner**. Rechts davon können Sie dann zwischen auf- und absteigender Sortierung umschalten.

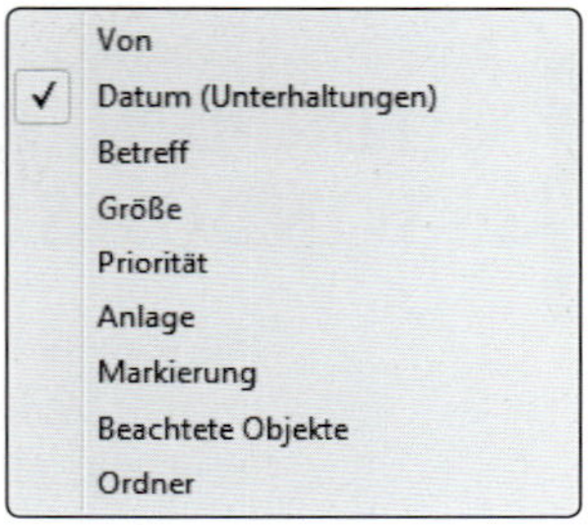

War noch was?

Der Knoten im Taschentuch war gestern, die Zukunft gehört dem Online-Kalender. Im nächsten Kapitel sehen Sie, wie Sie Windows Live Mail und Hotmail für Ihre Kalender nutzen können. Wie Sie auf einen Online-Kalender zum Beispiel auch gemeinsam mit Freunden zugreifen können. Und wie Sie sich von Ihrem Online-Kalender an wichtige Termine erinnern lassen können.

WEB TAGS

Hotmail
Kontakte
POP
Junk-E-Mail
Spam
Signatur
Bing
Windows Live Mail
Filterung

4 TERMINE IM GRIFF: WINDOWS LIVE KALENDER

Im vorhergehenden Kapitel haben Sie die beiden Mail-Programme von Windows Live kennengelernt. Dieses Kapitel widmet sich nun den Kalendern in der Windows-Live-Welt. Auch dafür fallen keine zusätzlichen Kosten an.

Das Kalender-Duo

Zu Ihrem Windows-Live-Konto gehört ein Online-Kalender (Bild 4.1), den Sie sowohl über Ihr Hotmail-Konto im Browser verwalten können – im Prinzip von jedem Internet-fähigen Rechner aus – als auch über das Desktop-Programm Windows Live Mail. Sie haben also – ähnlich den beiden Mail-Lösungen aus Kapitel 3 – die Wahl zwischen der reinen Online-Variante und deren Offline-Pendant, das beim Anmelden bei Windows Live damit immer wieder aktualisiert wird.

So werden Kalender und Termine, die Sie auf Ihrem Rechner mit Windows Live Mail pflegen, automatisch mit dem Online-Kalender Ihres Windows-Live-Kontos unter Hotmail abgeglichen und synchronisiert. Die Termine sind somit von jedem Internet-fähigen Gerät erreichbar. Umgekehrt sehen Sie Termine, die Sie online in Ihrem Windows-Live-Konto eingeben, beim nächsten Programmstart automatisch in Windows Live Mail auf Ihrem PC.

Die Windows-Live-Kalender bieten besonders in Verbindung mit einem Windows-Live-Konto einen beachtlichen Funktionsumfang, der kaum Wünsche offen lassen wird. Wir müssen uns an dieser Stelle auf eine Auswahl von Funktionen sowie konkreten Tipps und Schritt-für-Schritt-Anleitungen dazu beschränken.

Dazu zählen das grundlegende Arbeiten mit Terminen und Erinnerungen, das Nachverfolgen von Geburtstagen, das Arbeiten mit mehreren Kalendern sowie das Koordinieren von Terminen mit mehreren Personen, das heißt, das Freigeben einzelner Kalender für andere Personen.

URL

Das sind die Links zur Hilfe rund um Ihren Online-Kalender:

- http://explore.live.com/windows-live-calendar-help-center
- http://explore.live.com/windows-live-calendar

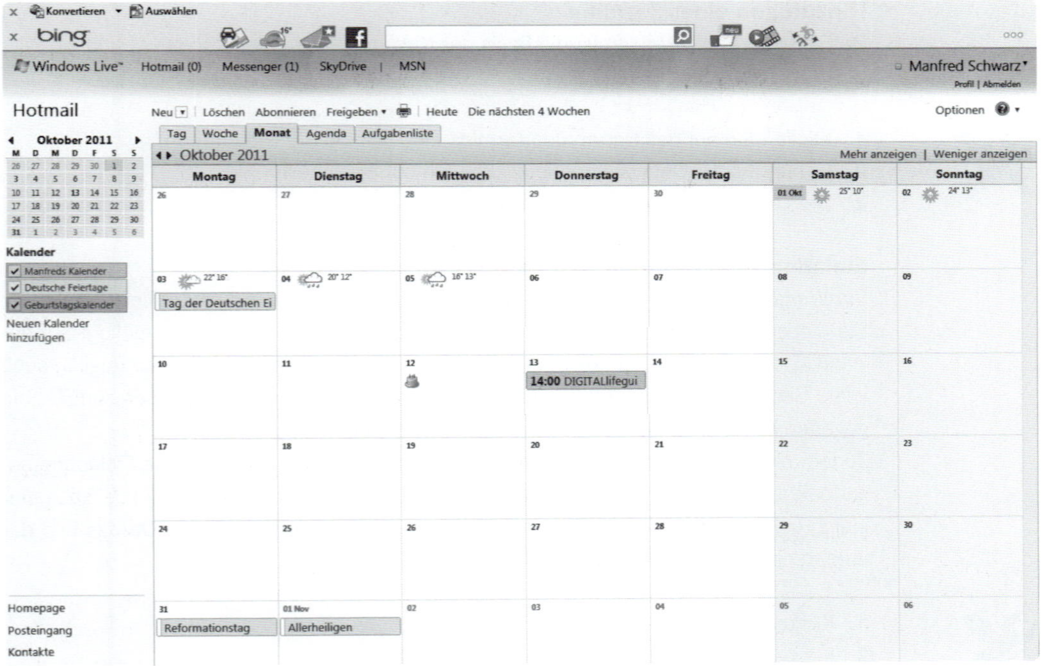

Bild 4.1 Der Hotmail-Kalender, die Lösung für den Online-Einsatz

Arbeiten mit Terminen und Erinnerungen

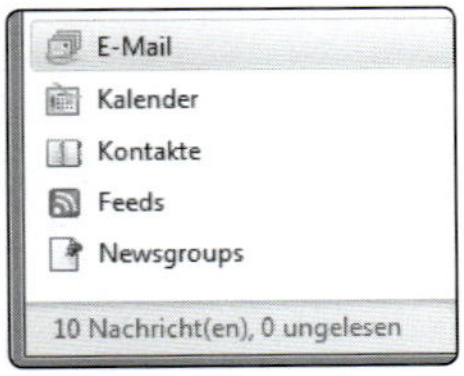

Im Folgenden arbeiten wir wie in Kapitel 3 mit der Online-Variante. Loggen Sie sich dazu bei Ihrem Windows-Live-Konto ein, und wählen Sie **Posteingang (Hotmail)** (siehe Kapitel 2). Wählen Sie dann im Menüband oben unter **Hotmail** den Eintrag **Kalender**. Beim ersten Aufrufen müssen Sie die Zeitzone einstellen, das ist aber mit einem Klick erledigt.

Im Kalender können Sie zwischen einer Tages-, Wochen- oder Monatsansicht wählen. Wir starten mit dem Eingeben eines neuen Termins, wie man ihn etwa für eine Party, ein Konzert, ein Fußballspiel, eine Autoreparatur oder einen Arzttermin eingeben möchte.

Hinzufügen eines Termins

Das Anlegen von Terminen ist die Basis der Nutzung eines jeden Kalenders und bei Windows Live denkbar einfach:

1. Klicken Sie auf das Datum des Termins, und wählen Sie **Hinzufügen**.
2. Geben Sie die Details ein, und klicken Sie auf **Speichern** (Bild 4.2).
3. Der Termin wird im Kalender angezeigt (Bild 4.1).

Einladen von Freunden zu einem Termin

Via Windows Live können Sie zum Beispiel Freunde zu einem Termin einladen, indem Sie diesen dem Kalender in Windows Live Hotmail hinzufügen. Der Vorteil liegt auf der Hand: Sie müssen deshalb nicht anrufen oder eine E-Mail senden und sich folglich auch keine Gedanken machen, ob Sie Ihren Freunden die richtigen Informationen zum Termin gegeben haben oder ob diese sie richtig notiert haben.

Zudem bleiben Sie mit dem Kalender immer auf dem Laufenden, wer die Einladung angenommen hat – denn auch das zeigt Ihr Kalender an. Sie können Freunde entweder gleich bei der Eingabe eines Termins einladen (durch Klick auf **Weitere Details** und der entsprechenden Dateneingabe) oder Sie tun dies nachträglich:

1. Klicken Sie auf einen bestehenden Termin.
2. Klicken Sie auf **Andere Benutzer einladen** (Bild 4.3).
3. Geben Sie unter **Andere Benutzer einladen** eine Mail-Adresse in das Feld **Empfänger:** ein.
4. Alternativ klicken Sie auf **Wählen Sie Personen aus Ihrer Kontaktliste aus**, und geben dann die Daten ein.
5. Nachdem Sie auf **Speichern** geklickt haben, werden Sie zum Senden der Einladung aufgefordert (Bild 4.4).

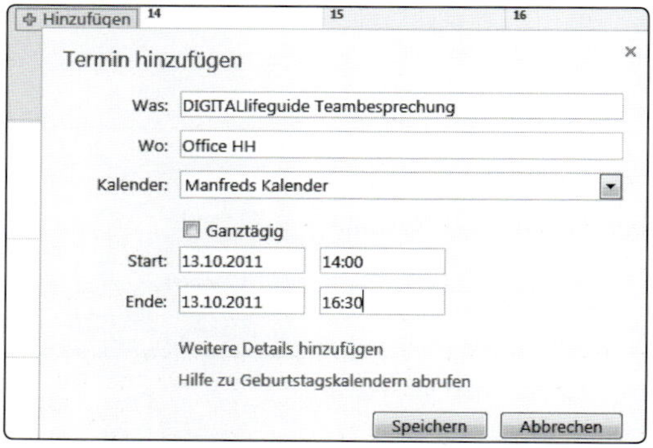

Bild 4.2 Einen Termin hinzufügen

Sobald die eingeladene Person den Termin angenommen hat, wird der Termin in deren Windows Live Kalender übernommen – sofern sie mit demselben System arbeitet.

Bild 4.3 Details zu einem Termin festlegen

Nachverfolgen von Geburtstagen

Mit dem Kalender in Windows Live Hotmail gehört das Vergessen des Geburtstags einer Person der Vergangenheit an. Denn Windows Live erstellt für Sie basierend auf den Geburtstagen, die Sie für Ihre Kontakte eingeben (siehe Kapitel 3), automatisch einen Geburtstagskalender.

Wenn Sie im Menü **Neu** auf **Geburtstag** klicken, legen Sie einen neuen Termin an. Geben Sie die Details ein, und klicken Sie dann auf **Speichern**. Der Geburtstag wird im Kalender angezeigt (Bild 4.1).

Wenn Sie den Kalender anpassen möchten, klicken Sie auf **Geburtstagskalender**. Sie können zum Beispiel die Farbe für den Kalender ändern.

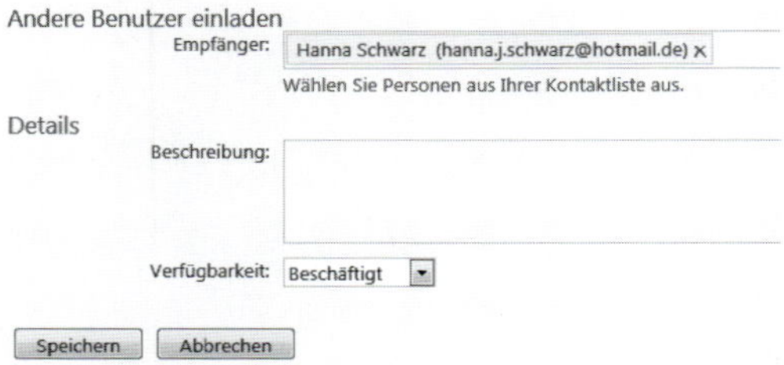

Bild 4.4 Weitere Benutzer einladen

Wenn Sie eine tägliche Geburtstagskalendererinnerung per E-Mail erhalten möchten, aktivieren Sie das Kontrollkästchen **Erinnerungen**. Klicken Sie auf **Speichern**, nachdem Sie die Änderungen vorgenommen haben.

Kalendererinnerungen erhalten

Egal, ob Sie in zehn Minuten bei einem beruflichen Termin in Ihrer Abteilung sein müssen oder ob Sie drei Tage benötigen, um ein Geschenk zu kaufen – die Erinnerungen des Hotmail-Kalenders machen Sie immer rechtzeitig auf jeden Termin aufmerksam. Sie können auch festlegen, ob Sie die Erinnerungen über Messenger (siehe Kapitel 5), als E-Mail oder per SMS auf Ihr Mobiltelefon erhalten möchten.

1. Klicken Sie auf einen Termin, und wählen Sie aus, wie Sie Erinnerungen dazu erhalten wollen (Bild 4.5).
2. Ändern Sie zum Beispiel die **Erinnerungszeit** für den Termin.
3. Sie können für jeden Termin mehrere Erinnerungszeiten festlegen.
4. Außerdem können Sie auswählen, auf welchem Weg Sie Erinnerungen erhalten möchten.
5. Sobald Sie die Erinnerungen für diesen Termin erstellt haben, klicken Sie auf **Speichern**.

Arbeiten mit mehreren Kalendern

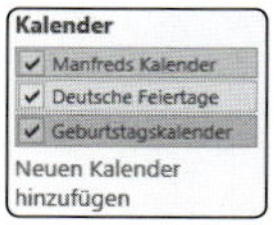

Schon beim ersten Start Ihres Hotmail-Kalenders verfügen Sie über drei Kalender: Ihren eigenen, den für die deutschen Feiertage und den Geburtstagskalender. Doch es gibt noch viel mehr Möglichkeiten:

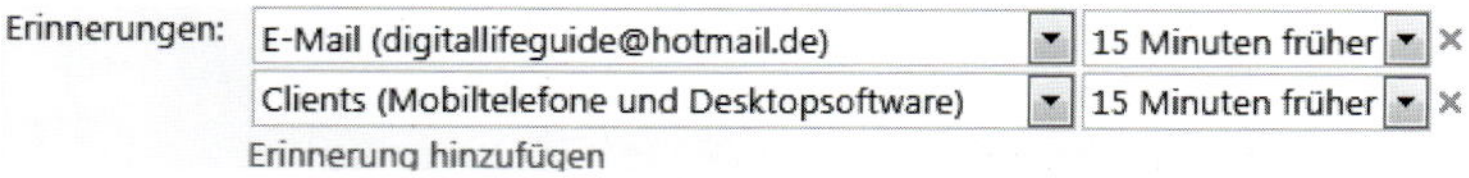

Bild 4.5 Erinnerungen individuell einrichten

Ihnen stehen zwei Möglichkeiten zur Verfügung, um Ihrem Hotmail-Kalender einen Kalender hinzuzufügen:

- Importieren eines statischen Kalenders, der nicht automatisch aktualisiert wird (als sogenannte ICS-Datei)
- Abonnieren eines Kalenders online und Empfangen automatischer Updates

> **TIPP**
> Wenn Ihre Windows-Live-Messenger-Freunde (siehe Kapitel 5) ihre Geburtstage angegeben haben, werden sie auch automatisch im Geburtstagskalender angezeigt.

Kalender, die Sie aus ICS-Dateien importieren, werden nach dem Importieren nicht mehr aktualisiert. Änderungen durch den Kalenderbesitzer werden daher nur in Ihrem Kalender angezeigt, wenn Sie eine neue Version der ICS-Datei importieren.

Importieren eines Kalenders

Das Importieren eines Kalenders eignet sich für das Hinzufügen von unveränderlichen Terminen in Ihren Kalender, also zum Beispiel von Feiertagen, Gezeitentafeln oder Mondzyklen. Sie können Kalender von Websites oder aus Kalenderprogrammen importieren, die das ICS-Dateiformat unterstützen. Dazu zählen Apple iCal, Google Kalender, Mozilla Sunbird und Mozilla Lightning. Außerdem können Sie im Internet nach Kalendern suchen, für die ICS-Dateien verwendet werden.

Wenn der Besitzer eines Kalenders die ICS-Datei online veröffentlicht hat, können Sie den Online-Kalender (auch als iCal bezeichnet) abonnieren. Wenn der Besitzer eines von Ihnen abonnierten iCal Änderungen daran vornimmt, werden diese Änderungen automatisch auch in Ihrem Hotmail-Kalender angezeigt, sodass dieser immer auf dem aktuellen Stand ist.

Kalender hinzufügen

Zur Basisausstattung eines Kalenderprogramms gehört es, dass Sie Termine in mehreren selbst angelegten Kalendern verwalten können. Eine sinnvolle Aufteilung Ihrer Aktivitäten und Termine könnte zum Beispiel zu Kalendern für „Privates“, „Verein“, „Beruflich“, „Familie“, „Geburtstage“ oder ähnlichen führen. Für deren Anzeige im „Kalenderblatt“ von Hotmail aktivieren oder deaktivieren Sie dann die einzelnen Kalender durch Klick auf das Auswahlkästchen neben dem Kalendernamen. Von der Möglichkeit, mit ganz individuellen „Kalendern im Kalender“ zu arbeiten, sollten Sie Gebrauch machen und Ihre Termine am besten von Anfang an entsprechend einordnen.

So arbeiten Sie mit mehreren Kalendern:

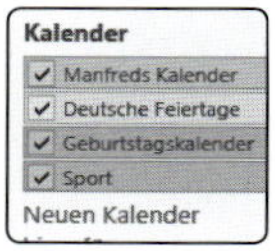

1. Zum Anlegen eines neuen Kalenders klicken Sie in der Kalenderansicht auf die Symbolschaltfläche **Kalender**. Geben Sie einen Kalendernamen ein (hier Sport), und wählen Sie eine Farbe für die Termine dieses Kalenders aus.
2. Speichern Sie den neuen Kalender.
3. Links neben der Kalenderansicht sehen Sie nun eine Liste der vorhandenen Kalender. Hier können Sie durch einen Klick auf das Kontrollkästchen davor einfach Termine eines Kalenders ein- und ausblenden.
4. Für die Zuordnung zu einem Kalender öffnen Sie einen vorhandenen Termin mit Mausklick oder legen einen neuen an. In der Termin-Detailansicht wählen Sie den passenden Kalender über das Feld **Kalender** aus.

Abonnieren eines öffentlichen Kalenders

Mit dem Kalender in Windows Live Hotmail können Sie auch bei den öffentlichen Terminen und Gruppenterminen, für die Sie sich interessieren, auf dem Laufenden bleiben. Sie können dazu ganz unterschiedliche Kalender hinzufügen, beispielsweise Kalender für religiöse Feiern, für Sonnenfinsternisse oder für das Kinoprogramm. Sobald Sie die Kalender abonniert haben, wird Ihr Kalender automatisch aktualisiert, damit Sie keinen wichtigen Termin mehr verpassen.

1. Klicken Sie oben im Kalender auf **Abonnieren**.
2. Wenn der Kalender häufig aktualisierte Elemente enthält, klicken Sie auf **Öffentlichen Kalender abonnieren**, und geben Sie dessen Webadresse ein.
3. Oder klicken Sie auf **Ferien- und andere Kalender suchen**.
4. Im eingeblendeten Fenster wählen Sie zum Beispiel „Vereinigte Staaten“, und dann **Diesen Kalender abonnieren**.

TIPP

Das Abonnieren von Online-Kalendern eignet sich dazu, Termine zu verfolgen, die sich häufig ändern, etwa Kinoprogramme oder Schulkalender. Viele Websites von Kinos, Theatern, Sportmannschaften oder Schulen verfügen über einen Link vom Typ „Kalender hinzufügen“, über den Sie einen iCal hinzufügen können. Listen von iCals finden Sie auch unter iCalShare und CalendarData.com.

5. Klicken Sie anschließend auf **Diesen Kalender abonnieren** und auf **Zu Ihrem Kalender wechseln.**

Freigeben von Kalendern für anderen Personen

Via Hotmail-Kalender haben Sie alle Funktionen in Händen, zum Beispiel Ihre Familie, Ihren Club oder Ihr Team auf dem Laufenden zuhalten. Das Schlüsselwort heißt hier: Freigeben. So können alle Personen auf Ihren Kalendern anzeigen, was als Nächstes ansteht. Wenn Sie diesen Personen eine individuelle Berechtigung erteilen, können sie dem Kalender auch selbst Termine hinzufügen oder selbst Termine aus dem Kalender löschen.

Generel gilt: Wenn Sie Besitzer eines Hotmail-Kalenders sind, können Sie ihn auch freigeben, und zwar für Ihre Windows-Live-Kontakte, nur für von Ihnen ausgewählte Personen oder sogar für alle Internet-Benutzer. Sie können jedoch keine Geburtstags- oder Feiertagskalender, von anderen für Sie freigegebene Kalender oder Kalender freigeben, die Sie abonniert haben.

Wenn Sie Ihren Kalender nur für Ihre Kontakte freigeben, erreichen Sie den besten Datenschutz. Sie können dabei gezielt entscheiden, wer Ihren Kalender anzeigen oder bearbeiten kann. Zudem muss sich jeder Kontakt mit einer Windows Live ID anmelden, um sich zu identifizieren.

Wenn Sie einen Kalender für Personen freigeben möchten, die nicht zu Ihren Kontakten gehören, können Sie diesen die private Web-Adresse Ihres Hotmail-Kalenders zusenden. Diese wird von Internet-Suchmaschinen blockiert. So geben Sie einen Kalender frei:

1. Klicken Sie im Menü auf **Freigeben**, und wählen Sie dort den gewünschten Kalender.
2. Aktivieren Sie das Kontrollkästchen vor **Diesen Kalender freigeben**.
3. Klicken Sie auf **Personen hinzufügen** (Bild 4.6). Führen Sie einen oder mehrere der folgenden Schritte aus:
4. Wenn Sie den Kalender für Benutzer freigeben möchten, die bereits in Ihrer Windows-Live-Kontaktliste sind, aktivieren Sie die Kontrollkästchen neben den Kontakten, für die Sie Ihren Kalender freigeben möchten.
5. Wenn Sie den Kalender für Benutzer freigeben möchten, die noch nicht in Ihrer Kontaktliste enthalten sind, geben Sie deren Mail-Adressen im Textfeld über der Liste ein. Trennen Sie die jeweiligen Adressen durch Kommas oder Leerzeichen voneinander ab.

Bild 4.6 Windows Live Kalender, die Lösung für den Online-Einsatz

Wenn diese Personen noch nicht über eine Windows Live ID verfügen, werden sie aufgefordert, eine zu erstellen.

6. Klicken Sie auf **Hinzufügen.**, und wählen Sie neben jedem Namen unter **Für andere Personen angezeigten Inhalt festlegen** die Zugriffsrechte für diese Person aus:

Teilhaber(in): Erlaubt das Erstellen, Bearbeiten und Löschen von Ereignissen und das Verwalten einiger Freigabeeinstellungen. Ein Teilhaber kann keine Kalender löschen, keine Freigaben für weitere Benutzer festlegen oder die Veröffentlichungs-Web-Adresse für einen freigegebenen Kalender ändern.

> **TIPP**
> Sie können die Freigabe für einzelne Kontakte jederzeit zurücknehmen. Klicken Sie im Abschnitt **Den eigenen Kalender für Freunde oder Familie freigeben** neben dem Namen der Benutzer, die Sie von der Freigabeliste entfernen möchten, einfach auf das Symbol **Entfernen**.

Elemente anzeigen, bearbeiten und löschen: Erlaubt das Lesen von Ereignissen und Aufgabendetails und Ändern vorhandener Ereignisse und Aufgaben.
Details anzeigen: Erlaubt das Anzeigen von Ereignisdetails.
Freie/belegte Zeiträume, Titel und Orte anzeigen: Erlaubt das Anzeigen Ihrer Verfügbarkeit zu Ereignissen sowie der Titel und Orte Ihrer Ereignisse (jedoch nicht die zugehörigen Details)
Freie/belegte Zeiträume anzeigen: Erlaubt die Anzeige der Verfügbarkeit zu Ereignissen.

7. Klicken Sie auf **Speichern**.
8. Es wird eine Einladung an die von Ihnen ausgewählten Personen gesendet. Sie werden in einer Meldung gefragt, ob Sie die Einladung an die Teilnehmer senden möchten. Klicken Sie auf **Senden**.

Nachdem die andere Person Ihre Einladung (per Mail) angenommen hat, kann sie Ihren Kalender im eigenen Hotmail-Kalenderblatt mit Farbe, Kategorie etc. einrichten und bei sich anzeigen lassen. Der Zugriff ist im Fenster links unter **Kalender** möglich.

Noch mehr gemeinsam tun

Selbst wenn Sie unterwegs sind, können Sie den Kalender immer bei sich haben, und zwar, indem Sie Ihren Windows Live Kalender über Ihr Smartphone abrufen. Dann wissen Sie immer, was als Nächstes ansteht. Dazu mehr in Kapitel 9. Im nächsten Kapitel geht es erst einmal wieder um das Kommunizieren oder genauer: um das Plaudern im Chat. Der Windows Live Messenger ist hier das Werkzeug der Wahl.

> **WEB TAGS**
> Windows Live Kalender
> Hotmail
> Termin
> Öffentlicher Kalender
> Erinnerung
> Geburtstag
> Kalender

5 IMMER NAH DRAN: WINDOWS LIVE MESSENGER

In den Anfangstagen des Chattens war ein Programm wie der Messenger im Wesentlichen auf das reine Chatten beschränkt: elektronisch via Tastatur und in Echtzeit miteinander plaudern und quatschen.

Heute bietet der Windows Live Messenger weit mehr als reine Chat-Funktionen. Denn mit ihm sind Sie immer auf dem aktuellen Stand, was Ihre Freunde in Ihren sozialen Netzwerken gerade machen - egal ob bei Messenger selbst, bei Facebook oder bei anderen Networks. Sie haben jederzeit im Blick, wer gerade online ist. Und wenn Sie Ihre Netzwerkaktivitäten ausweiten, können Sie mit ein paar Mausklicks neue Netzwerke hinzufügen.

Längst sind auch die Tage der Beschränkung auf reine Textnachrichten vorbei. Im Messenger können Sie sich auch in Video-HD-Qualität unterhalten und sehen, sich gemeinsam Videos ansehen, während des Chats eine Diashow zeigen oder Dateien austauschen.

In diesem Kapitel erhalten Sie einen Einstieg in das Arbeiten mit dem Messenger. Viele weiterführende Tipps finden Sie - wie immer in diesem Buch - in der URL-Box.

Die Kommunikationszentrale

Hier eine Liste von ein paar der Möglichkeiten, die Ihnen der Messenger bietet.

SMS: Durch die Verknüpfung des Messengers mit Ihrer Mobilfunknummer können Sie Kurznachrichten auf dem Handy empfangen und von dort aus auch beantworten.

URL

Das sind die Links rund um den Windows Live Messenger:

- www.windowslive.de/Messenger/default.aspx
- www.windowslive.de/Messenger/messenger-tutorials.aspx
- www.windowslive.de/Messenger/emoticons/mit-emoticons-gefuehle-im-messenger-zeigen.aspx
- www.windowslive.de/Messenger/video-chat-mit-messenger-2011.aspx
- messenger.live.com (Zugriff auf die Online-Version)

Integration anderer Netzwerke: Im Messenger laufen alle Kontakte, Unterhaltungen und Updates von Facebook & Co. zusammen. Der Messenger unterstützt viele bekannte soziale Netzwerke.

Online-Aktivitäten teilen: Wenn einer Ihrer Freunde (Kontakte) auf einer Website aktiv ist, auf der Sie selbst kein Konto haben, zeigt Ihnen das der Messenger ebenfalls an.

Benachrichtigungen aus Hotmail: Alle im Hotmail-Postfach eingehenden Benachrichtigungen sozialer Netzwerke sehen Sie automatisch auch im Messenger.

Hotmail-Integration: Wenn Sie sowohl Hotmail als auch den Messenger nutzen, können Sie über den Posteingang ihres Hotmail-Kontos (siehe Kapitel 3) einen Chat starten.

Übersichtliche Kontaktliste: Der Messenger löscht automatisch alle Duplikate, die durch die Verknüpfung von verschiedenen Plattformen entstehen können.

Statusmeldungen synchronisieren: Sobald Sie Updates im Messenger posten (schreiben), können diese automatisch mit den Statusmeldungen auf anderen Plattformen synchronisiert werden. Das gilt auch in umgekehrter Richtung.

TIPP

Für alle, die den Messenger Web-basiert nutzen möchten, steht er unter **messenger.live.com** zur Verfügung. So ist Chatten von jedem beliebigen Rechner mit Internet-Anschluss aus möglich, auch wenn der Messenger darauf nicht installiert ist oder werden darf, etwa im Büro. Mehr dazu lesen Sie in Kapitel 9.

Audio-Unterhaltung: Über diese Funktion können Sie im Messenger kostenlose Gespräche von PC zu PC führen.

Gruppen-Funktion: Sie können mit bis zu 20 Mitgliedern gleichzeitig chatten. Dazu richten Sie einfach eine Gruppe ein und tauschen sich dann mit allen Teilnehmern gemeinsam aus (siehe Kapitel 10).

Offline-Sofortnachricht: Sofortnachrichten, die im Offline-Modus empfangen werden, können Sie abrufen, sobald Sie wieder online sind. So geht keine Nachricht verloren.

Unterhaltungen speichern: Unterhaltungen lassen sich mit einem Klick auf Ihrer lokalen Festplatte speichern und jederzeit wieder aufrufen. Wenn das Unterhaltungsfenster zu früh oder unbeabsichtigt geschlossen wurde, können Gespräche wiederhergestellt werden.

TIPP

Der Messenger Weggefährte: Dieses Add-on für den Internet Explorer zeigt beim Besuch einer Website an, ob diese zuvor von Freunden besucht wurde. Sind von dort Inhalte geteilt worden, werden diese angezeigt und können dort auch direkt kommentiert werden. Es wird mit den Essentials installiert.

Messenger-Basics: Chatten und viel mehr

Nach der Installation (Kapitel 1) finden Sie den Live Messenger in Ihrer Taskleiste.

1. Klicken Sie die zwei „Buddies" (Figuren) an, um Ihren Messenger zu starten.
2. Sie sehen das Anmeldefenster, in dem Sie Ihre Windows Live ID und das dazu gehörende Kennwort eingeben (Bild 5.1).
3. Klicken Sie auf **Kennwort und ID speichern**, wenn es sich bei Ihrem PC um Ihren eigenen PC handelt. Ist es ein öffentlicher PC, sollten Sie diese Box nicht ankreuzen.
4. Klicken Sie auf **Anmelden**. Ihr Windows Live Messenger meldet Sie an, und Sie haben die Möglichkeit, Ihren ersten Freund hinzuzufügen (Bild 5.2).
5. Um in Messenger direkt einen neuen Kontakt hinzuzufügen, klicken Sie auf Ihren Namen rechts oben und wählen **Profil anzeigen**, das im Browser geöffnet wird (Bild 5.2).
6. Klicken Sie auf **Freunde hinzufügen**.
7. Es öffnet sich ein Fenster, in dem Sie die E-Mail-Adresse, mit der Ihr Freund bei Windows Live Messenger angemeldet ist, eingeben können (Bild 5.3).
8. Kicken Sie auf **Weiter**.
9. Nun haben Sie die Möglichkeit, Ihren neuen Freund als **Favorit** zu kennzeichnen. Das bedeutet, dass Ihr Freund gesondert in Ihrer Kontaktliste erscheint. Diese Option lässt sich später immer noch ändern.
10. Klicken Sie auf **Einladen** (Bild 5.4).

Bild 5.1 Anmelden mit der Windows Live ID

Nun wird Ihre Einladung zur Kontaktaufnahme an Ihren Freund gesendet.

Sobald die Einladung akzeptiert wurde (Bild 5.5), sehen Sie Ihren neuen Freund in Ihrer Kontaktliste. Nun haben Sie die Möglichkeit, weitere Freunde hinzuzufügen, oder Sie kehren zum Messenger zurück.

Wann immer ein Freund online ist, erfahren Sie dies durch eine Meldung rechts unten über der Taskleiste.

Ein alternativer Weg der Anmeldung führt über Ihr Windows-Live-Hotmail-Konto im Browser (Kapitel 3). Zeigen Sie dazu oben auf der Seite auf **Messenger**, und klicken Sie dann auf **Bei Messenger anmelden**, um sich im Internet bei Messenger anzumelden. Sobald Sie angemeldet sind, können Sie sehen, welche Freunde online sind.

Sie können dann auf deren Namen klicken, um ein Unterhaltungsfenster zu öffnen.

Bild 5.2 Nach dem ersten Start

Messenger beenden

Bevor wir durchstarten, noch die Wege, Messenger zu beenden. Im Messenger-Fenster klicken Sie auf auf Ihren Namen und wählen **Messenger beenden**.

Wenn Sie sich über Hotmail in Ihrem Browser eingeloggt haben, zeigen Sie

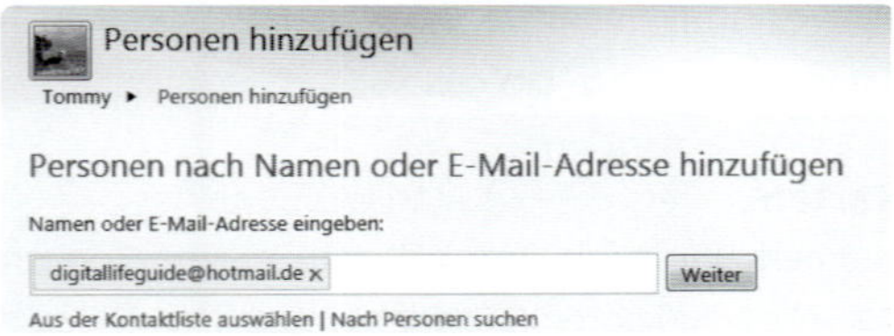

Bild 5.3 Erste Freunde hinzufügen ...

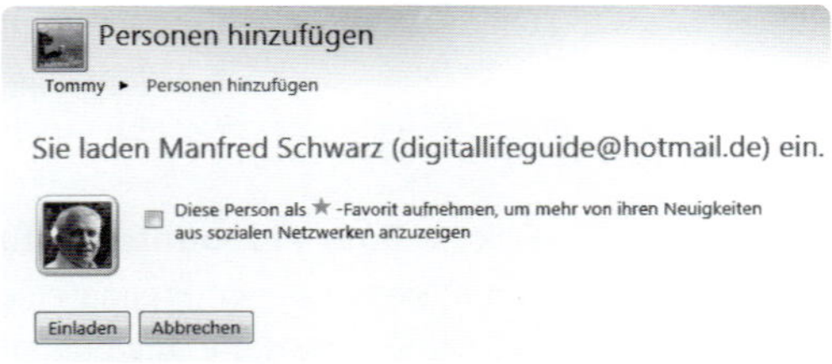

Bild 5.4 ... und einladen

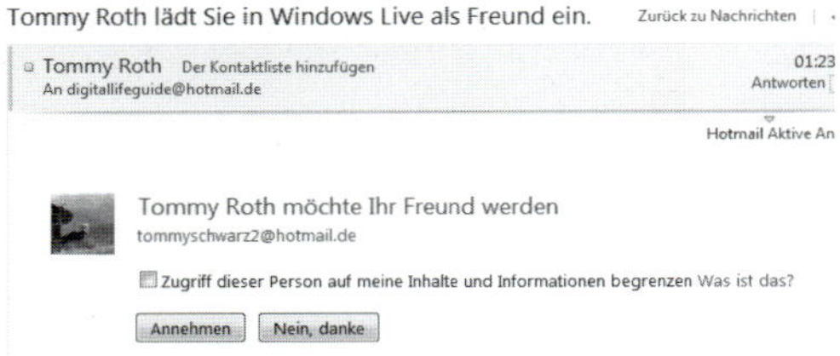

Bild 5.5 Die Einladung landet bei ihrem Empfänger

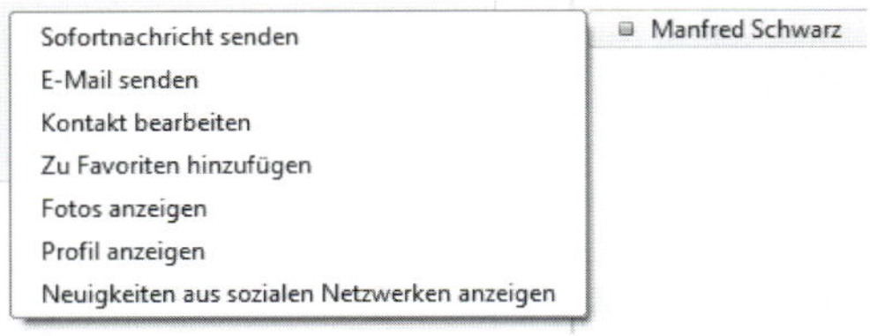

Bild 5.6 Eine Sofortnachricht auslösen

oben in der Menüleiste auf **Messenger**, und klicken Sie dann auf **Von Messenger abmelden**.

Eine Unterhaltung starten

Damit sind Sie – sofern Sie und ein Freund online sind – bereit, Ihre erste Unterhaltung mit dem Messenger zu starten. So starten Sie eine Unterhaltung mit einem Ihrer Freunde:

1. Öffnen Sie Ihren Messenger, und suchen Sie sich einen Freund aus, mit dem Sie eine Unterhaltung starten wollen.
2. Klicken Sie entweder doppelt auf den Namen Ihres Freundes, um eine Unterhaltung zu starten, oder nutzen Sie den Rechtsklick mit Ihrer Maus, und wählen Sie anschließend **Sofortnachricht senden** (Bild 5.6)

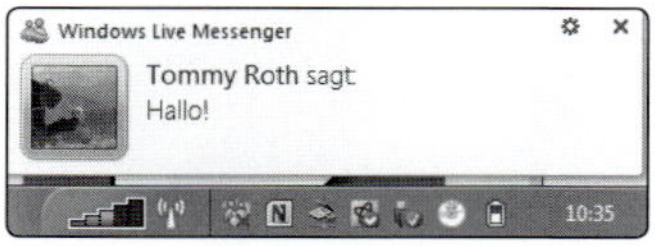

3. Nun öffnet sich Ihr Chat-Fenster. Tippen Sie in das untere Feld eine Nachricht ein, und drücken Sie zum Senden die **Enter**-Taste.
4. Ihr Freund bekommt eine Nachricht – sowohl im Chat-Fenster als auch an seinem Bildschirm unten rechts und kann anschließend darauf antworten (Bild 5.7).
5. Wenn Sie das Gespräch beenden möchten, klicken Sie einfach oben rechts auf das kleine Kreuz, um das Fenster zu schließen.

Fokus: Eine Videounterhaltung starten

Wenn Sie mit einem Freund eine Videounterhaltung mit Ihrer Webcam starten, können Sie sich während der Videounterhaltung sehen und hören. Es ist fast, als säßen Sie sich gegenüber. Sie brauchen dafür allerdings eine Webcam, Mikrofon und Lautsprecher.

Wenn Sie das erste Mal eine Videounterhaltung starten, sollten Sie den zugehörigen Assistenten ausführen. Sie finden ihn, wenn Sie in Ihrem Chat-Fenster auf den kleinen Pfeil neben **Videounterhaltung** und anschließend auf **Audio/Video einrichten** klicken. Anschließend können Sie die nötigen Geräte wie Lautsprecher, Mikrofon und im nächsten Schritt auch Ihre Webcam überprüfen und einrichten. Damit sind Sie startklar: Öffnen Sie Ihren Messenger, und starten Sie eine Unterhaltung mit einem Freund. Klicken Sie unter dem Texteingabefeld auf **Videounterhaltung** (5.8), Ihr Kontakt bekommt nun eine Einladung, und Sie sehen sich bereits selbst. Sobald Ihr Freund Ihre Einladung annimmt, sehen Sie nach kurzer Ladezeit auch ihn. Wenn Sie über das Webcam-Bild fahren, wird oben eine schmale Leiste eingeblendet, in der Sie einige Einstellungen vornehmen können, zum Beispiel die Mikrofon- oder Lautsprecherlautstärke. Sie können nun miteinander sprechen und sich gegenseitig sehen.

Bild 5.7 Den Gespächsfaden aufnehmen

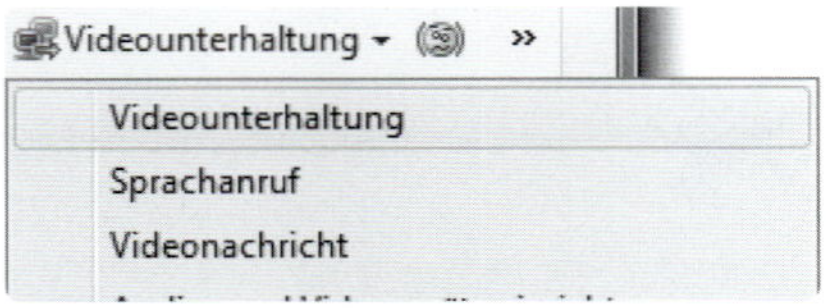

Bild 5.8 Eine Videounterhaltung starten

Einen Gruppen-Chat starten

Eine weitere interessante Funktion ist das Chatten mit mehreren Freunden gleichzeitig (siehe auch Kapitel 10).

1. Öffnen Sie Ihren Messenger, und klicken Sie doppelt auf eine der Personen, mit der Sie den Gruppen-Chat starten wollen.
2. Sobald sich das Chat-Fenster geöffnet hat, klicken Sie unten unter dem Feld für die Eingabe auf **Einladen** (Bild 5.9).
3. Anschließend können Sie aus einer Liste die Kontakte auswählen, die Sie noch hinzufügen wollen. Klicken Sie auf **OK** (Bild 5.10).
4. Bei Ihren Freunden öffnet sich ein Fenster mit Ihrer Nachricht, sobald Sie etwas in das Chat-Fenster eingegeben und die **Enter**-Taste gedrückt haben.
5. Sie enden den Chat durch Klick auf das Kreuz oben rechts.

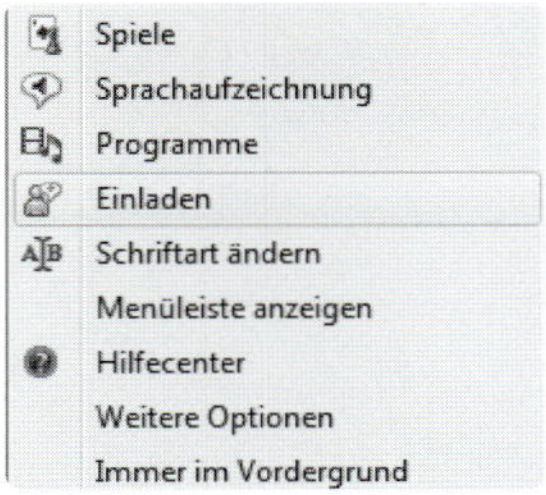

Bild 5.9 Einladung zu Chat

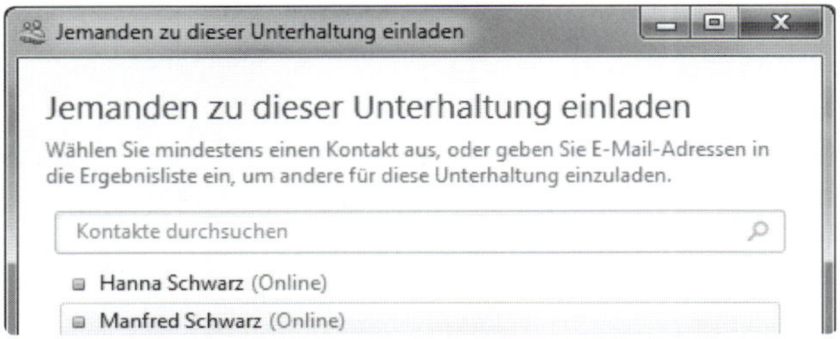

Bild 5.10 Auswahl der Teilnehmer

Sollten noch mehr als eine Person im Chat gewesen sein, haben diese weiter die Möglichkeit, miteinander zu chatten.

Gemeinsam Fotos anschauen

Sie können während eines Chats gemeinsam Fotos anschauen, etwa von der letzten Party.

1. Starten Sie einen Chat mit einem Freund aus Ihrer Kontaktliste.
2. Ziehen Sie per Drag-and-Drop ein Foto – etwa von Ihrem Desktop – in das Chat-Fenster.

Bild 5.11 Während des Chats ein Bild freigeben

Nun erscheint das Foto für Sie wie für Ihren Kontakt (Bild 5.11).

3. Wenn Sie so weitere Fotos hinzufügen, haben sowohl Ihr Freund als auch Sie die Möglichkeit, diese am unteren Rand durchzublättern. Sie sehen sogar, wenn Ihr Freund Ihre Bilder durchblättert und umgekehrt.
4. Um ein Foto, das Ihr Freund Ihnen zeigt, abzuspeichern, fahren Sie mit der Maus über das Foto. Oben sehen Sie dann die Option **Element speichern**.

5. Mit einem Klick darauf können Sie einen Ordner wählen, in dem Sie es auf Ihrem PC abspeichern wollen.

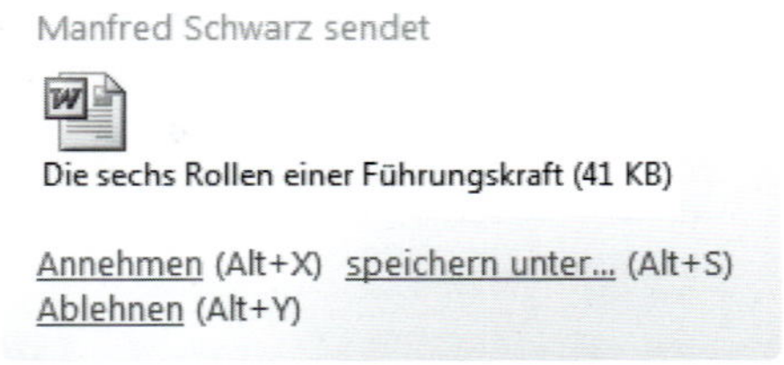

Bild 5.12 Ein Office-Dokument wurde versandt

Dateien senden

Zur Abrundung dieses ersten Streifzugs durch die Messenger-Welt werfen wir einen Blick auf eine sehr praktische Zusatzfunktion: Sie können im Chat unbegrenzt große Dateien verschicken – ganz gleich, ob es sich um Fotos, Office-Dateien oder ganze (gezippte) Ordner handelt. So umgehen Sie den Umweg über Ihr SkyDrive-Laufwerk (siehe Kapitel 2) und können sich noch während des Chats über die verschickten Dateien austauschen.

1. Wenn die Person, der Sie eine Datei senden möchten, online ist, klicken Sie auf **Sofortnachricht senden**. Schreiben Sie Ihrem Kontakt eine Nachricht, damit er weiß, was er zu erwarten hat, wenn er Ihre Datei in Empfang nimmt, etwa ein Word-Dokument.
2. Klicken Sie unter der Nachricht auf **Freigeben** und (im Falle eines Word-Dokuments) **Dateien von Ihrem Computer**.
3. Wählen Sie Dateien von Ihrem Computer, um Dateien aus Ihrem Ordner zu versenden. Das Fenster des Datei-Explorers öffnet sich, und Sie können Dateien von Ihrer Festplatte aussuchen. Klicken Sie auf **Öffnen**.
4. Ihrem Gesprächspartner wird nun angezeigt, dass Sie eine Datei freigegeben haben. Sobald er sie bestätigt und auf **Speichern unter** klickt, wird mit der Übertragung an den gewünschten Ort begonnen (Bild 5.12).
5. Während der Dateiübertragung darf das Unterhaltungsfenster nicht geschlossen werden, sonst bricht die Dateiübertragung ab.

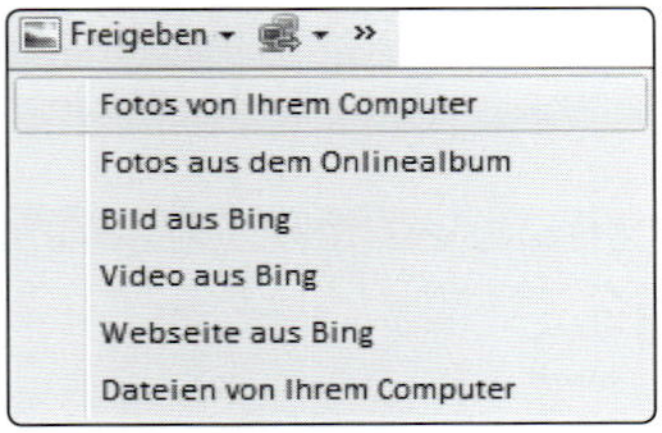

Integration sozialer Netze

Der Windows Live Messenger ist offen für all Ihre Netzwerk-Aktivitäten. Nun kümmern wir uns um Dienste wie zum Beispiel Facebook, die Sie mit Ihrem Messenger verbinden können (siehe auch Kapitel 2).

Bild 5.13 Facebook und Windows vereinen

Bild 5.14 Meldung aus Facebook direkt im Messenger lesen

1. Klicken Sie im Startfenster des Messenger auf **Facebook**.
2. Nehmen Sie die Einstellungen vor, und klicken Sie auf **Mit Facebook verbinden** (Bild 5.13).
3. Melden Sie sich bei Facebook mit Ihren Login-Daten an.
4. Nachdem Sie verbunden sind, klicken Sie auf **Beenden**.
5. Ab sofort lesen Sie alle aktuellen Facebook-Nachrichten direkt in Ihrem Messenger (Bild 5.14)

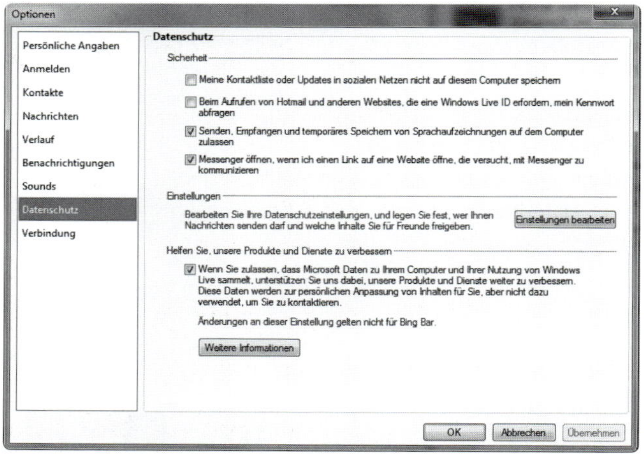

Bild 5.15 Wichtig: die Einstellungen für den Datenschutz

Die Einstellungen für verbundene Dienste können Sie jederzeit ändern, wenn Sie durch Klick auf Ihren Profilnamen **Weitere Optionen** aufrufen. Wählen Sie dann **Datenschutz** (Bild 5.15), und klicken Sie auf **Einstellungen bearbeiten**. Sie wechseln auf die Website. Dort können Sie – auch unter **Erweitert** – den Datenschutz individuell einstellen.

Im Messenger spielen

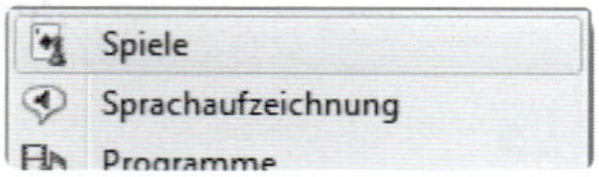

Bild 5.16 Spiele aufrufen

Wie wäre es mit etwas Entspannung? Windows Live Messenger bietet Ihnen immer wieder neue Spiele an. Es lohnt sich, öfter mal vorbei zu schauen. Sie können allein spielen oder mit einem Freund. So starten Sie ein Spiel im Messenger:

1. Starten Sie Ihren Windows Live Messenger, und suchen Sie sich einen Freund aus, mit dem Sie ein Spiel starten wollen.
2. Klicken Sie unter dem Texteingabefeld auf das kleine Spiele-Icon (Bild 5.16).
3. Es öffnet sich in Ihrem Chat-Fenster ein weiteres Fenster, in dem Sie eine Liste mit den Spielen sehen, die Ihnen im Moment zur Verfügung stehen. Gehen Sie auf **Spieleliste**, und wählen Sie dort ein Spiel aus (Bild 5.17). Zum Angebot zählen Tic Tac Toe, Backgammon, Bridge, Golf Challenge, Poker, Mahjongg, Solitaire, Sudoko und, und, und.
4. Klicken Sie auf das Symbol für zwei Spieler oben in der Spieleliste, um anzuzeigen, welche Spiele für zwei Spieler verfügbar sind.
5. Klicken Sie auf den Button **Spielen**, Ihr Freund bekommt eine Einladung zum Spiel.
6. Sobald Ihr Freund Ihre Einladung angenommen hat, wird das Spiel geladen. Dies kann je nach Internet-Verbindung und Rechnerleistung unterschiedlich lange dauern.
7. Wenn das Spiel geladen ist, folgen Sie den Anweisungen.
8. Ihr Freund bekommt diese Anweisungen ebenfalls angezeigt, und Sie können gleich losspielen (Bild 5.18).

Bild 5.17 Ein Online-Spiel auswählen

Am unteren Fensterrand haben Sie die Möglichkeit, den Ton des Spiels auszuschalten und sich die Ergebnisse Ihres Spielpartners anzeigen zu lassen.

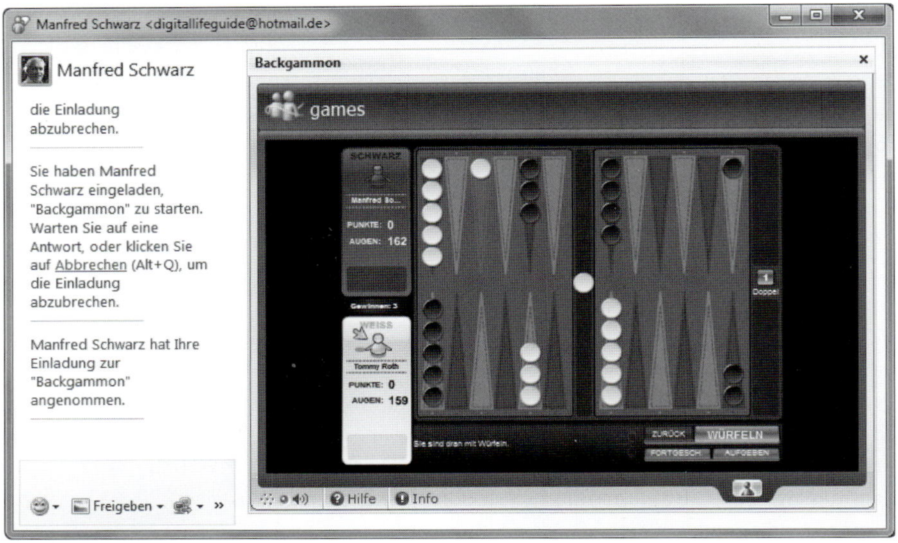

Bild 5.18 Im Messenger Backgammon spielen

Den Messenger persönlich gestalten

Damit haben Sie schon einige der Möglichkeiten kennengelernt, die Ihnen der Windows Live Messenger bietet. Probieren Sie sie einfach aus, und entwickeln Sie Ihren eigenen „Chat-Stil".

Genauso individuell können Sie auch das Aussehen Ihres Messengers einrichten, etwa indem Sie ein neues Anzeigebild hinzufügen, Ihr Profil aktualisieren, das Design ändern oder den Titel eines Lieblingsbuches (siehe Kapitel 2) hinzufügen.

Hinzufügen eines Anzeigebildes, eines Videos oder einer dynamischen Anzeige

Bei der Wahl des Anzeigebilds haben Sie drei Möglichkeiten: Sie können dazu ein Foto von sich selbst verwenden. Sie können einen kurzes Video einbinden. Oder Sie erstellen ein dynamisches Anzeigebild, das sich ändert, wenn Sie Ihren Freunden Emoticons oder Animoticons senden.

Verwenden eines vorhandenen Fotos: Ziehen Sie das Foto, das Sie verwenden möchten und das auf Ihrem PC gespeichert ist, einfach in den Anzeigebildbereich.

Verwenden einer Webcam: Wenn Sie über eine Webcam verfügen, können Sie mit ihr ein Foto oder einen Video-Clip von sich aufnehmen. Klicken Sie auf Ihren Namen, klicken Sie auf **Persönlich gestalten** und dann auf **Eigenes Bild ändern**. Stellen Sie sicher, dass die Webcam mit dem Computer verbunden ist, wählen Sie **Von Webcam** und **Erstellen Sie ein Foto oder kurzes Video** aus. Befolgen Sie anschließend die Anweisungen im Dialogfeld **Bild mit der Webcam erstellen**.

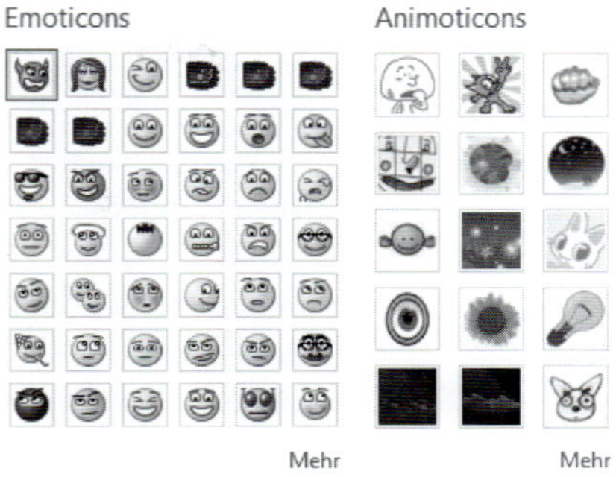

Bild 5.19 Emoticons auswählen

Erstellen eines dynamischen Anzeigebilds: Sie können mit Ihrer Webcam auch ein dynamisches Anzeigebild erstellen, das sich beim Senden eines Emoticons ändert. Klicken Sie zuerst auf Ihren Namen, dann auf **Persönlich gestalten** und schließlich auf **Eigenes Bild ändern**. Stellen Sie sicher, dass die Webcam mit dem Computer verbunden ist, klicken Sie auf **Von Webcam**, klicken Sie auf **Erstellen Sie ein Foto oder kurzes Video** und dann auf **Erstellen Sie ein Bild mit Stimmungen**. Befolgen Sie die Anweisungen im Dialogfeld **Dynamisches Bild erstellen** (Bild 5.19).

Ändern eines Designs

Mit dem Design und der Farbauswahl können Sie Ihrem Messenger eine persönliche Note verleihen. Zum Design zählt das gesamte Aussehen des Messengers: Bilder, Farben und Rahmen.

Ein Design besteht im Windows Live Messenger aus einer Szene, die oben im Messenger-Hauptfenster hinter Ihrem Anzeigebild und Namen angezeigt wird, sowie aus einem Farbschema für das Messenger-Unterhaltungsfenster.

Wenn Sie mit einem Freund chatten, sieht dieser Ihr individuelles Design (die Szene und das Farbschema),

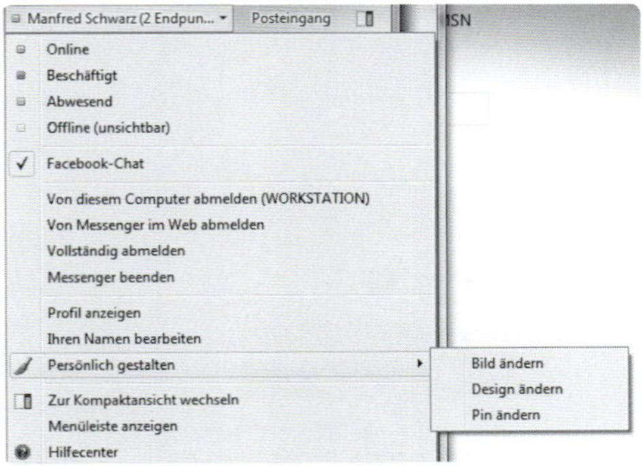

Bild 5.20 Webmessenger persönlich gestalten

das Sie eingerichtet haben, oben in seinem Unterhaltungsfenster. Umgekehrt sehen Sie das Messenger-Design Ihres Freundes.

1. Klicken Sie auf Ihren Namen, klicken Sie auf **Persönlich gestalten** und dann auf **Design ändern** (Bild 5.20).
2. Wählen Sie unter **Wählen Sie ein Design aus** ein vorhandenes Design aus, oder klicken Sie auf **Durchsuchen**, um ein anderes Bild auf dem Computer zu suchen, das Sie verwenden möchten. Das Farbschema wird automatisch basierend auf den Farben im ausgewählten Bild ausgewählt. Klicken Sie auf **OK**.
3. Fügen Sie ein JPG- oder PNG-Bild per Drag-and-Drop oben im Messenger-Fenster ein, und es wird als Design angewendet.

Bild 5.21 Kompaktansicht

Vollbild- und Kompaktansicht

Sie können beim Messenger zwischen Vollbildansicht (Bild 5.2) und Kompaktansicht (Bild 5.21) auswählen. In der Vollbildansicht werden alle Informationen zu Ihren Freunden angezeigt, darunter Neuigkeiten aus sozialen Netzwerken, Onlinestatus, neue Fotos, Spiele und mehr. Somit können Sie in der Vollbildansicht an einem zentralen Ort anzeigen, was Ihre Freunde aus dem gesamten Web gerade machen. Sie sehen direkt die Neuigkeiten von Freunden in sozialen Netzwerken, Fotos und vieles mehr. Und Sie können einfach auf Inhalte von MSN zugreifen und Spiele spielen. All diese Informationen erscheinen im linken Bereich Ihres Hauptfensters. Klicken Sie zum Beispiel auf **MSN**, um Spiele zu spielen, um auf **News** und das Wetter zuzugreifen und mehr, oder klicken Sie auf **SOZIALES NETZWERK**, um Ihre Neuigkeiten nach einer dieser Kategorien zu filtern:

- **highlights**: Hierüber werden die besonders interessante Neuigkeiten aus sozialen Netzwerken angezeigt, die Ihre Freunde freigegeben haben.
- **aktuell**: Hier finden Sie die aktuellen Neuigkeiten aus sozialen Netzwerken, die Ihre Freunde freigegeben haben.
- **me**: Hier werden Ihre Neuigkeiten aus sozialen Netzwerken angezeigt, die Sie für Ihre Freunde freigegeben haben.

- **fotos**: Hiermit werden Fotos angezeigt, die Ihre Freunde für Sie freigegeben haben.
- **Statusmeldungen**: Hiermit werden die Statusmeldungen angezeigt, die Ihre Freunde veröffentlicht haben.
- **Links**: Hierüber gelangen Sie zu Links von Websites, die Ihre Freunde freigegeben haben.
- **Videos**: Hiermit werden die Videos angezeigt, die Ihre Freunde kürzlich veröffentlicht haben.

Wenn Sie nur die Liste Ihrer Freunde anzeigen möchten, klicken Sie auf die Schaltfläche **Zur Kompaktansicht wechseln**. So werden Ihre Freunde angezeigt und alle Ihre Neuigkeiten aus sozialen Netzwerken ausgeblendet.

Wenn Sie Ihre Neuigkeiten aus sozialen Netzwerken erneut einblenden möchten, wechseln Sie einfach zur Vollbildansicht, indem Sie auf die Schaltfläche **Zur Vollbildansicht wechseln** klicken.

Aktualisieren Ihres Profils

Ihr Profil ist eine einfache Möglichkeit, um Informationen über sich selbst für Freunde freizugeben. Sie können Ihren Geburtstag, Ihren Arbeitsort, Ihre Interessen und mehr hinzufügen. Klicken Sie auf Ihren Namen, und klicken Sie dann auf **Profil anzeigen**.

Klicken Sie auf **Details bearbeiten** und dann neben den Informationen, die Sie hinzufügen oder ändern möchten, auf **Bearbeiten**. Was Sie alles über sich preisgeben möchten, können Sie selbst entscheiden. Generell erlaubt es Ihr Profil anderen Personen, sich ein Bild über Sie zu machen – um Sie als Kontakt im Messenger einzuladen oder um einfach auf dem Laufenden zu bleiben, was Sie gerade bewegt und interessiert.

Viele Möglichkeiten

In diesem Kapitel haben Sie die Foto-Funktion von Messenger kennengelernt. Wenn Sie Ihre Fotos optimieren wollen, bevor SIe sie beim Chatten anderen zeigen, hilft Ihnen die Windows Live Fotogalerie. Sie lernen sie im nächsten Kapitel kennen. Und in Kapitel 9 sehen Sie, wie Sie den Messenger auch als Webmessenger nutzen können. Doch der Reihe nach.

6 DAS DIGITALE-FOTOALBUM UND -STUDIO: WINDOWS LIVE FOTOGALERIE

In Kapitel 1 haben Sie gesehen, dass Sie Fotos in der Cloud, also auf SkyDrive, speichern können.
Das Beste daran: Sie können diese online abgelegten Fotos nicht nur selbst nutzen, sondern auch noch Freunden, Verwandten oder Kollegen zugänglich machen. Denn wenn Sie einen größeren Kreis oder gleich die ganze Welt einladen möchten, Ihre Bilder anzuschauen, bietet sich das World Wide Web als die allen zugängliche Plattform an.
„Foto-Sharing" zählt nicht zuletzt deshalb inzwischen zu den Lieblingsbeschäftigungen des Digital Lifestyle. Ein Grund ist, dass es solch kostenlose und zugleich leistungsstarke Tools oder Web-Angebote wie SkyDrive und das in Kapitel 1 installierte Essentials-Programm **Windows Live Fotogalerie** gibt.

In diesem Kapitel werden Sie grundlegende Funktionen dieses Bilderdienstes kennenlernen, der die Offline- mit der Online-Welt der Bildbearbeitung verbindet.
Von der Fotogalerie ist es dann nur noch ein kleiner Schritt zu **Flickr**, dem berühmten globalen Fotoportal. Die Fotogalerie bietet eine Direktverbindung zu Flickr, die ebenfalls vorgeführt wird.

Windows Live Fotogalerie im Überblick

Hier ein kurzer Überblick über die Möglichkeiten, die Ihnen Windows Live Fotogalerie bietet:

Fotos verwalten: Sie können Bilder nach vielen Kriterien ordnen.

URL

Das sind die Links zu diesem Kapitel:

- http://explore.live.com/windows-live-photo-gallery-using
- http://explore.live.com/windows-live-photo-gallery-face-facial-recognition-using?os=other&mkt=de-AT
- www.windowslive.de/fotogalerie/so-funktioniert-fotofusion.aspx
- www.microsoft.com/download/en/details.aspx?id=26829

Gesichtserkennung: Fotogalerie erkennt Gesichter auf Ihren Bildern. Markieren (taggen) Sie einfach Ihre Freunde auf den Bildern.

Fotos bearbeiten: Die Software ermöglicht Ihnen, Bilder zuzuschneiden und zu schärfen, rote Augen zu entfernen, visuelle Effekte anzubringen, die Belichtung zu korrigieren, Panoramen zu erstellen oder Fotos zu fusionieren und vieles mehr.

Bilder automatisch anpassen: Mit der Funktion **Automatisch anpassen** reicht ein Klick, und alle ausgewählten Bilder werden automatisch in Bezug auf Helligkeit, Kontrast, Schärfe und Farbbalance professionell angepasst.

Fotos retuschieren: Um Bildverunreinigungen oder Kratzer zu entfernen, bietet Fotogalerie die **Retuschieren**-Funktion, bei der Sie einfach die unerwünschte Stelle markieren, die Schaltfläche der Funktion anklicken – und weg ist der Fehler.

Fotos mailen: Versenden Sie einfach und sicher Ihre bearbeiteten Fotos. Entweder als Anhang oder direkt in der E-Mail integriert.

Freunden Bilder zeigen: Nutzen Sie die Vorteile von SkyDrive und zeigen Sie online Ihren Freunden Ihre Bilder.

TIPP

Windows Live Fotogalerie ist Multitouch-fähig und kann somit auch auf Touchscreen-PCs bedient werden.

Fotos einfach hochladen: Mit einem Klick können Sie Ihre Fotos auf SkyDrive, Facebook oder Flickr laden. Darüber hinaus können Sie alle Aktivitäten von Freunden rund um Ihre Fotos verfolgen oder Fotos einfach per E-Mail versenden.

Gruppenseiten: Sie können Fotos auch auf eine Gruppenseite hochladen (siehe Kapitel 10).

Auch mobil nutzbar: Haben Sie alle Updates im Blick und laden Sie Bilder von unterwegs hoch.

Fotos für das Web aufbereiten

Am Anfang soll ein kurzer Rundgang stehen. Starten Sie dazu Windows Live Fotogalerie über **Start** > **Alle Programme** > **Windows Live Fotogalerie**.
Sehen wir uns die Umgebung der Windows Live Fotogalerie etwas näher an. Nach dem Start werden sofort alle Bilder (und Videos) in den „Stammordnern“ (unter Windows 7 in der Regel die entsprechenden Bibliotheken) für solche Dateien

Bild 6.1 Das Fenster von Windows Live Fotogalerie

erfasst und als Miniatur angezeigt (Bild 6.1). Falls der Ordner mit den Bildern, die für die große, weite Online-Welt bestimmt sind, nicht darunter ist, können Sie ihn über den Befehl **Importieren** zur Galerie im Menü **Start** in die Fotogalerie aufnehmen. Die Größe der Bildminiaturen lässt sich über den Schieberegler (siehe rechts unten auf Bild 6.1) einstellen.

Die Schaltfläche daneben blendet zu den Miniaturen einige Infos zum Foto ein, zum Beispiel den Dateinamen, das Aufnahmedatum und die Dateigröße.

Wenn Sie ein einzelnes Foto etwas näher betrachten möchten, gibt es zunächst die Möglichkeit, mit dem Mauszeiger darüber zu verharren, sodass sich eine größere Ansicht einblendet (Bild 6.1).

Eine Einzelansicht öffnen Sie, indem Sie auf eine Miniatur doppelklicken (Bild 6.2). In diesem Modus werden nicht nur zahlreiche Dateiinformationen aufgeführt. Er

> Meist arbeitet man mit JPEG-Bildern. Mit dem neuen Codec-Pack (Link siehe URL-Box) unterstützt Windows aber auch Ansicht und Bearbeitung zahlreicher Bilddateiformate wie RAW, JPEG, PNG, TIFF und viele mehr. So können Sie Ihren Windows-PC nutzen, um alle Ihre Fotos zu verwalten – ganz egal, ob Sie mit Ihrem Handy, einer schlichten Digitalkamera oder einer digitalen Spiegelreflexkamera fotografieren.
>
> TIPP

stellt auch einige grundlegende Werkzeuge zur Bearbeitung des Bildes bereit, die über den Befehl **Bearbeiten** aufgerufen werden (Bild 6.2). Viele davon sind Ihnen mit gleichem oder ähnlichem Namen aus anderen Bildbearbeitungsprogrammen bekannt. Auch die Anwendung ist ähnlich. So können Sie von hier aus bei Bedarf Fotos verschönern, bevor Sie sie ins Web schicken. Zu den Bildbearbeitungsmöglichkeiten zählen: **Belichtung anpassen** (Helligkeit, Kontrast, Dunkle Flächen, helle Flächen), **Farbe anpassen** (Farbtemperatur, Farbton, Sättigung), **Foto ausrichten** sowie **Details anpassen** (Schärfen und Rauschen minimieren).

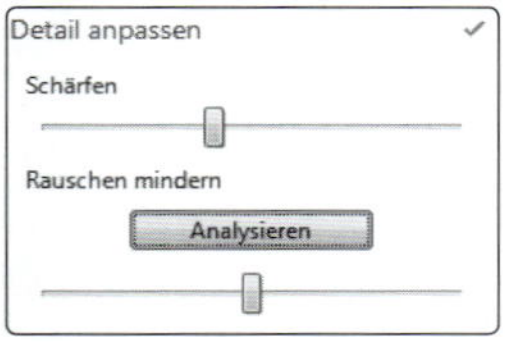

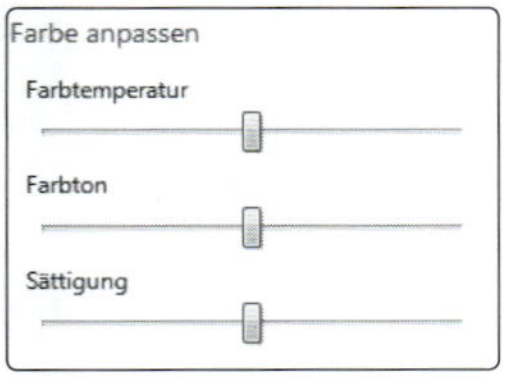

Unter den für die Demonstration der Fotogalerie ausgesuchten Fotos ist eine Aufnahme, die eine kleine Schönheitskorrektur erhalten soll und deswegen in die Einzelansicht geladen wird. Da wir das Original unversehrt lassen möchten, speichern wir das Foto zunächst als Kopie. Dafür gibt es den Befehl **Kopieren** im Menü **Bearbeiten**.

Mithilfe des Werkzeugs **Belichtung anpassen** (zu erreichen über **Bearbeiten > Feinabstimmung**) werden an der Kopie Helligkeit und Kontrast nachjustiert (Bild 6.3).

Das Histogramm ist bei der Bedienung der Schieberegler eine gute visuelle Hilfe.

Wichtig bei der Nachbearbeitung mit Windows Live Fotogalerie: Sie

Bild 6.2 Werkzeuge für die Nachbearbeitung

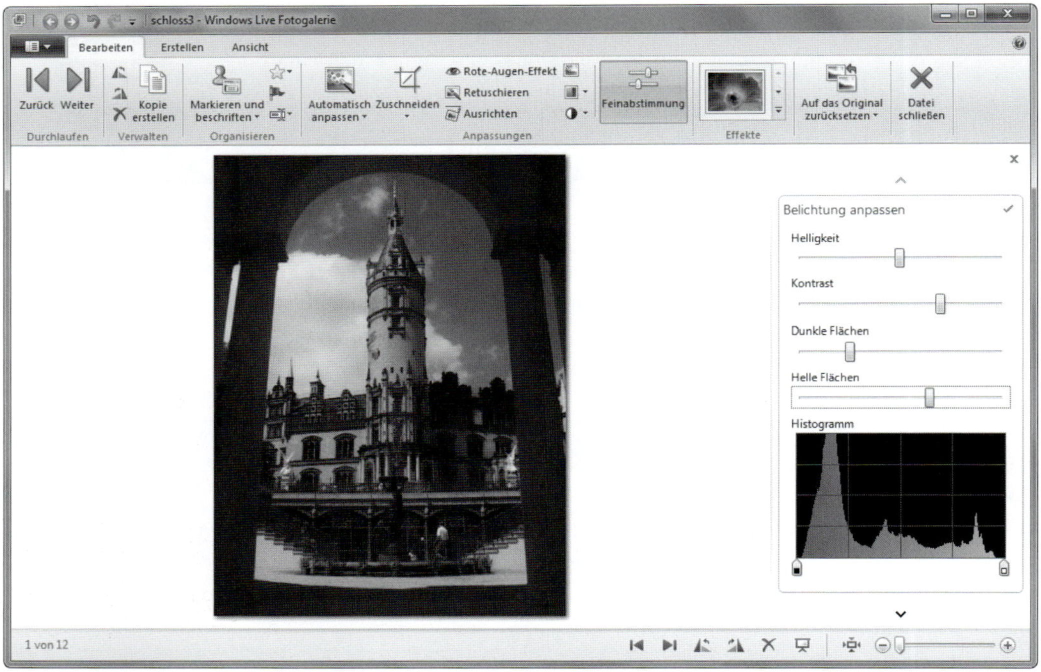

Bild 6.3 Die Belichtung anpassen – per Schiebregler und Histogramm

können Änderungen, die Sie ausführen, widerrufen. Dazu dient die Schaltfläche **Auf das Original zurücksetzen**. Damit können Sie bei Bedarf Änderungen wieder ungeschehen machen und Sie haben darüber auch Zugriff auf Einstellungen zum Umgang mit den Originalen.

Sobald die Nachbearbeitung abgeschlossen ist, genügt ein Klick auf **Datei schließen**, und das Foto wird gespeichert und erscheint in der Übersicht.

Fotos im Web veröffentlichen

Die Fotos sind nun bereit für Ihren Auftritt auf der globalen Bühne. Bei Windows Live Fotogalerie wird eine Gruppe von Fotos als Album veröffentlicht. Für das Beispiel wird als Ablageort SkyDrive gewählt:

1. Markieren Sie die zu veröffentlichenden Bilder in der Übersicht.
2. Wählen Sie im Menü **Veröffentlichen** den Befehl **SkyDrive** (Bild 6.4).
3. Melden Sie sich mit Ihren Zugangsdaten bei Windows Live an.
4. Im Dialogfeld **Bei Windows Live SkyDrive veröffentlichen** können Sie ein Album auswählen. Wenn Sie die Fotogalerie zum ersten Mal nutzen, liegt noch keines vor. Die Vorlage für ein Album ist aber vorbereitet. Geben Sie im Feld einen Namen ein (Bild 6.5).
5. Geben Sie vor, wer Ihre Fotos sehen darf. Im Beispiel wird **Alle (öffentlich)** gewählt. Diese Einstellung macht die Bilder für jedermann zugänglich (siehe Kapitel 2).
6. Wählen Sie nun die Qualität (und damit die Dateigröße) der hochgeladenen Fotos aus. Je höher die Qualität des Fotos, desto mehr Daten müssen transportiert werden und desto länger dauert das Hochladen. Im Beispiel möchten wir zwar, dass theoretisch jeder sie sehen kann, aber gleichzeitig vermeiden, dass jemand, der sie sich herunterlädt, sie in hoher Qualität nutzen kann. Deswegen wählen wir die Stufe **Mittel**.
7. Wenn die Parameter stehen, klicken Sie auf **Veröffentlichen**.

Bild 6.4 Die Veröffentlichung starten

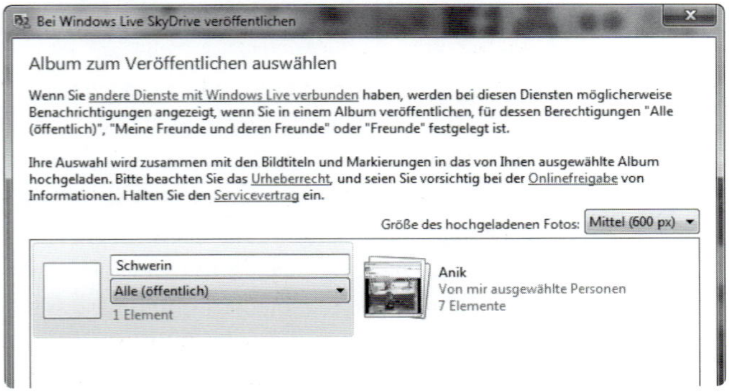

Bild 6.5 Die Vorgaben für den Upload

Sobald die Fotos online sind, erscheint eine Meldung, von der aus Sie das Album gleich anzeigen lassen können (Bild 6.6). Die SkyDrive mit Ihrem persönlichen Bereich wird im Browser geladen (Bild 6.7). Dort finden Sie nicht nur den Inhalt des Albums (im Beispiel ein Foto), sondern auch den Freigabestatus (hier **Jeder (öffentlich)**, was der Wahl von **Alle (öffentlich)** von eben ent-

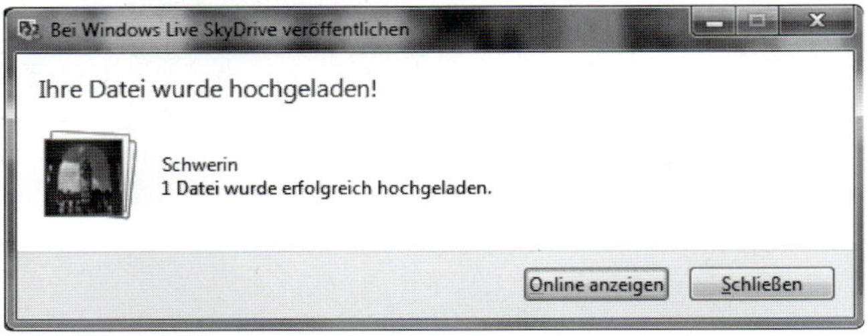

Bild 6.6 Vom Upload direkt zur Anzeige

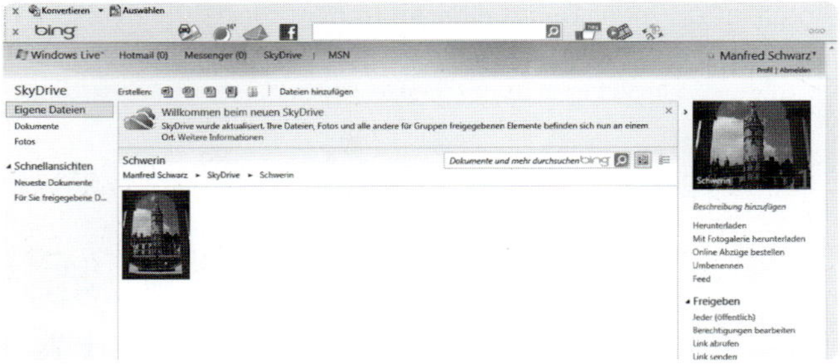

Bild 6.7 Das Foto ist vom PC ins Web überspielt worden

spricht) und auch einige Funktionen rechts in einer Leiste.

Wenn Sie auf einen Eintrag im Album klicken, erscheint das Foto in einer größeren Einzelansicht. In diesem Modus können Sie durch das ganze Album blättern. Wenn Sie wieder zur Albumübersicht möchten, klicken Sie im Pfad oben im Fenster auf den Namen des Albums (im Beispiel „Schwerin“, siehe Bild 6.8).

Andere zur Betrachtung der Fotos einladen

Jetzt, wo die Fotos online sind, fehlt nur noch eines: das Publikum. Die nächste Aufgabe ist nun, das Publikum wissen zu lassen, was Sie vorzuzeigen haben. Denn der Freigabestatus **Jeder (öffentlich)** bedeutet nicht, dass jeder Ihre Aufnahmen sofort findet. Ein bisschen muss nachgeholfen werden. Dazu gibt es bei Windows Live drei Möglichkeiten. Ihnen gemein ist, dass Sie die Kunde per E-Mail aussenden (siehe Kapitel 2).

Wir stellen alle drei Wege der Reihe nach vor:

1. Klicken Sie in der Albumübersicht auf das Menü **Freigeben** und den Befehl **Berechtigungen bearbeiten**. Eine neue Seite wird geladen.
2. Analog zur Anzeige in der Albumübersicht finden Sie unter **Wer kann darauf zugreifen** auf der Skala die Stufe **Jeder (öffentlich)**. Rechts daneben ist ein Vermerk, was mit Ihren Fotos gemacht werden darf. Bei den unteren Stufen ist zusätzlich ein Aufklappmenü, in dem Sie die Berechtigung vorgeben können. Im Beispiel bleibt überall die Option **Fotos anzeigen** stehen (Bild 6.8). Mehr sollen die Betrachter damit nicht machen dürfen.

3. Geben Sie unter **Weitere Personen hinzufügen** eine E-Mail-Adresse ein.
4. Klicken Sie mit der Maus außerhalb des Feldes (Bild 6.8). Der Kontakt erscheint sofort unterhalb des Eingabefeldes mit dem Berechtigungsmenü.
5. Geben Sie bei Bedarf auf die gleiche Art weitere Adressen ein.
6. Klicken Sie am Schluss auf **Speichern**, damit alle Ihre Einstellungen übernommen werden.
7. Es erscheint eine neue Seite. Dort sehen Sie ein Feld mit allen Kontakten, die Sie eben vorgegeben haben (Bild 6.9). Wenn die Adressen stimmen und der Text steht, klicken Sie auf **Senden**. Jetzt schickt Windows Live eine E-Mail mit Ihrer Nachricht und dem Link zum Album an alle Empfänger (Bild 6.10).

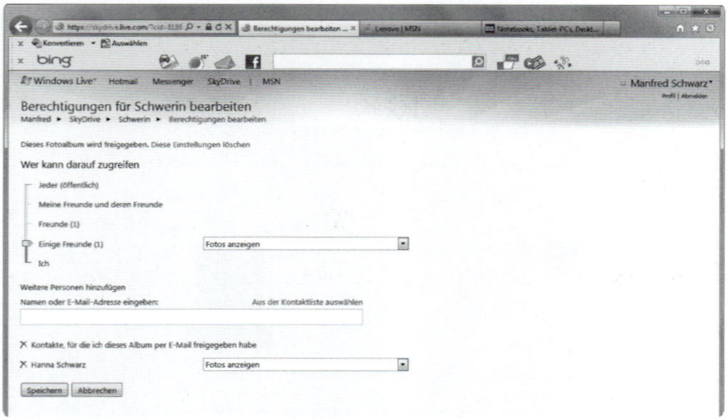

Bild 6.8 Die Berechtigungen im Überblick

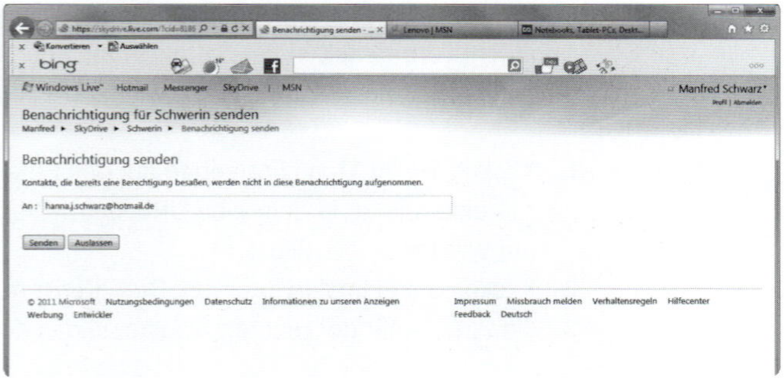

Bild 6.9 Eine Benachrichtigung senden

Ein anderer, etwas kürzerer Weg startet ebenfalls mit der Albumübersicht:

1. Klicken Sie im Menü **Freigeben** auf den Befehl **Link senden**.
2. Geben Sie im Feld neben **An** eine E-Mail-Adresse ein.
3. Wenn Sie wie im Beispiel mehreren Personen Bescheid geben wollen, klicken Sie zunächst auf **An**. Die erste E-Mail-Adresse erscheint hinterlegt.
4. Geben Sie nun die zweite Adresse ein, und so weiter.
5. Tragen Sie auf die gleiche Art alle weiteren Empfänger ein. Klicken Sie auf **Schließen**.

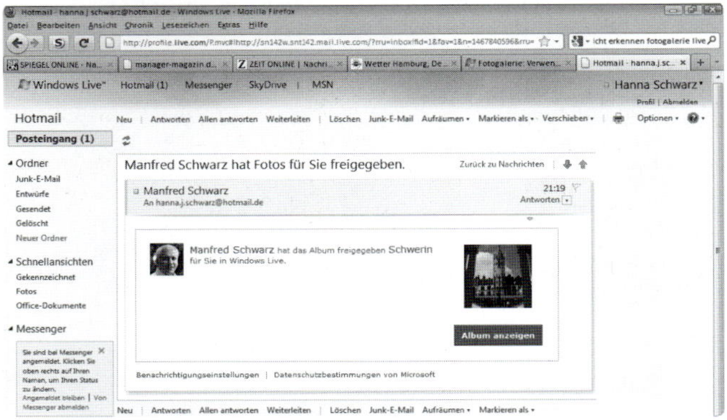

Bild 6.10 Die Nachricht im Posteingang des Empfängers

6. Wenn Sie wünschen, dass der Empfänger sich mit seiner Windows-Live-ID anmelden muss, bevor er die Fotos betrachten kann, setzen Sie einen Haken neben dem Hinweis. Da man nicht immer voraussetzen kann, dass alle Empfänger eine solche ID besitzen, ist davon eher abzuraten.
7. Klicken Sie zum Abschluss auf **Senden**, um die Einladung auf den Weg zu schicken.

Der dritte Weg ist für folgenden Fall gedacht: Sie haben in Ihrem E-Mail-Programm eine Nachricht vorbereitet, in der Sie die Fotos anpreisen, und nur noch der Link zum Album fehlt. Ausgangspunkt ist auch hier wieder die Albumübersicht.

1. Klicken Sie im Menü **Freigeben** auf den Befehl **Link abrufen**. Es erscheint eine Seite mit einem Feld, in dem eine URL steht. Diese URL ist der Link zu Ihrem Fotoalbum auf Windows Live (Bild 6.11).
2. Klicken Sie einmal in das Feld. Die URL ist markiert.
3. Öffnen Sie mit der rechten Maustaste das Kontextmenü, und wählen Sie **Kopieren**.
4. Wechseln Sie nun zu Ihrem E-Mail-Programm.
5. Öffnen Sie die vorbereitete Nachricht, und wählen Sie an der passenden Textstelle aus dem Kontextmenü **Einfügen**. Beachten Sie, dass der Link in der Regel sehr lang ist.
6. Senden Sie die Nachricht ab.
7. Wechseln Sie wieder zur Website von Windows Live.

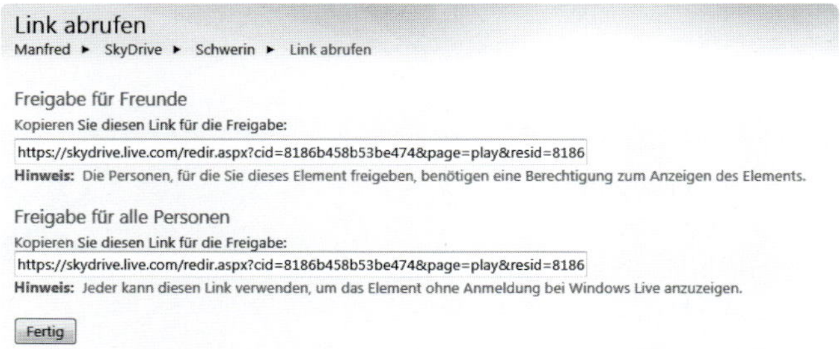

Bild 6.11 Der Link zum Online-Fotoalbum

8. Klicken Sie dort auf **Fertig**, um zur Albumübersicht zurückzugelangen.

Bild 6.12 Bereit zum Durchblättern: das Online-Fotoalbum

Egal auf welchem Weg Sie Ihre Freunde, Verwandten und Kollegen zu Ihrem Album lotsen, sie können sich nun die Fotos einzeln oder als Diashow anschauen (Bild 6.12). Bei erweitertem Zugriff könnten sie die Bilder auch kommentieren und bearbeiten. Über Partner von Microsoft kann man sich sogar Abzüge bestellen. Eine Bestellung von Abzügen ist allerdings nur sinnvoll, wenn die Aufnahmen in entsprechender Qualität vorliegen. Die Beispielfotos wurden nur in mittlerer Qualität hochgeladen, weil sie nur zur Ansicht gedacht sind. Per SkyDrive freigegebene Bilder werden als Diashow geladen. Zur Anzeige der Diashow ist eventuell Microsoft Silverlight erforderlich. Wer auf die Diashow verzichten kann oder das Tool nicht installieren möchte, klickt auf der Webseite einfach auf den Link **Dieses Album in Windows Live SkyDrive anzeigen**.

Fotos auf Flickr veröffentlichen

Bild 6.13 Fotos auf Flickr veröffentlichen

Wenn das Publikum für Ihre Fotos sich nicht auf bestimmte Personen beschränken soll, bieten sich Fotoportale an. Wenn dieses Stichwort fällt, kommt Ihnen wahrscheinlich

VORSICHT

Achten Sie stets darauf, Urheber- und Persönlichkeitsrechte zu wahren. Holen Sie sich im Zweifel die (schriftliche) Erlaubnis aller abgelichteten Personen (und eventuell auch Gebäude), damit bei einem eventuellen „Nachspiel" die Sachlage eindeutig ist und Ihnen die Freude am Publizieren nicht verdorben wird. Mehr darüber finden Sie im DIGITAL*lifeguide*-Band „Fotos".

zuerst Flickr in den Sinn. Von der Live Fotogalerie aus können Sie Fotos direkt auf Flickr publizieren. Dazu können Sie sich aus dem Online-Bereich von Windows Live abmelden. Lassen Sie aber die Internet-Verbindung bestehen, und starten Sie die Live Fotogalerie.

1. Klicken Sie im Menü **Veröffentlichen** auf das Flickr-Logo (Bild 6.13).
2. Wenn Sie zum ersten Mal Fotos von der Windows Live Fotogalerie auf Flickr übertragen möchten, müssen Sie das Tool erst dazu berechtigen. Klicken Sie im Fenster **Auf Flickr veröffentlichen** auf **Autorisieren** (Bild 6.14). Die Flickr-Website wird geladen.
3. Melden Sie sich auf Flickr mit Ihren Zugangsdaten an (Bild 6.15). Folgen Sie dann den Anweisungen auf dem Bildschirm.
4. Wenn die Prozedur abgeschlossen ist, klicken Sie in Windows Live Fotogalerie im Fenster **Auf Flickr veröffentlichen** auf **Weiter**.
5. Wählen Sie in der Liste Flickr-Konto das Flickr-Konto aus, das Sie verwenden möchten.
6. Wählen Sie in der Liste **Fotoreihe** aus, ob Sie die Fotos einer bestehenden Fotoreihe hinzufügen, eine neue Fotoreihe anlegen oder in keine Fotoreihe integrieren möchten.

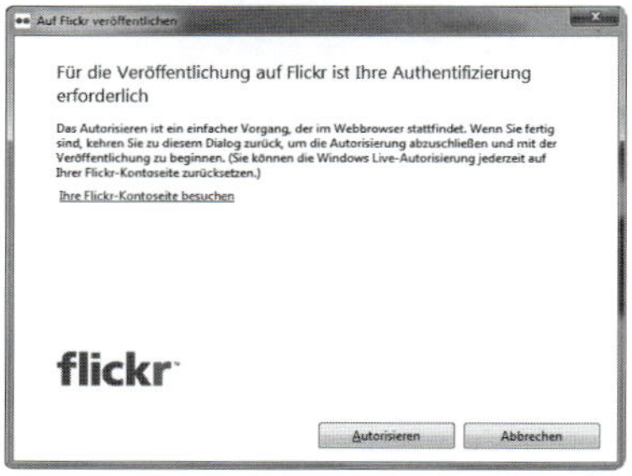

Bild 6.14 Den Upload gestatten

Bild 6.15 Bei Flickr anmelden

Bild 6.16 Die Startseite des Fotoportals Flickr

7. Geben Sie in der Liste **Fotogröße** vor, in welcher Größe die veröffentlichten Fotos angezeigt werden sollen.
8. Wählen Sie in der Liste **Berechtigungen** aus, wer die veröffentlichten Fotos anzeigen darf.
9. Klicken Sie zum Abschluss auf **Veröffentlichen**.

Anzeigen von Markierungen und Bildtiteln

Auf einen Aspekt noch eingehen: das Markieren von Fotos. Es hilft, sich im Bilder-Dschungel zurechtzufinden. Sie haben vier Möglichkeiten, Ihre Bilder zu markieren und zu beschriften.
Zuerst ein Blick auf die Gesichtserkennung. Windows Live Fotogalerie verfügt über eine Gesichtserkennung, damit Sie Personen auf Ihren Fotos identifizieren und markieren können. Je mehr Personenmarkierungen Sie Ihren Fotos hinzufügen, desto besser können in Fotogalerie Markierungen vorgeschlagen werden.

1. Doppelklicken Sie in der Galerie auf ein Foto.
2. Klicken Sie auf der Registerkarte **Bearbeiten** in der Gruppe **Organisieren** auf **Markieren und beschriften**, zeigen Sie auf **Personenmarkierung**, und klicken Sie dann auf **Person markieren** (Bild 6.17).
3. Das Programm erkennt ein Gesicht auf dem Bild (Bild 6.18).
4. Klicken Sie auf das Gesicht der Person, die Sie markieren möchten, und geben Sie einen Namen ein, oder wählen Sie einen Namen aus der Liste aus (Bild 6.19).
5. Wann immer ein neues Bild mit der markierten Person geladen wird, schlägt das Programm gleich den Namen vor (Bild 6.20).

Bild 6.17 Bilder markieren

Bild 6.18 Eine Personenmarkierung hinzufügen

Bild 6.19 Den Namen eingeben

Bild 6.20 Weitere Bilder mit Personenmarkierungen versehen

Wenn Sie mögen, können Sie nun ergänzende Angaben und Markierungen machen, etwa zur Geomarkierung, ergänzende Beschreibungen hinzufügen oder einen aussagekräftigen Bildtitel vergeben (Bild 6.21).

Noch mehr Möglichkeiten

Entdecken Sie weitere Funktionen von Windows Live Fotogalerie. Durch sogenannte Add-ons können Sie das Programm sogar erweitern, zum Beispiel mit **Photosynth**. Mit diesem Tool können Sie aus Ihren Fotos eine wahre 3D-Welt erschaffen und so den Betrachtern einen Eindruck von Raum vermitteln. Um das Fotosynth-Tool herunterzuladen, gehen Sie zum Menüpunkt **Erstellen** > **Weitere Tools** > **Weitere Fototools herunterladen**. Anschließend öffnet sich ein Browser-Fenster, und Sie können Photosynth direkt anklicken.
Gruppenbilder können Sie mit **Fotofusion** (AutoCollage) erstellen: Das einfach zu nutzende Tool kombiniert die besten Bildausschnitte aus mehreren Fotos. Oder Sie lassen mit dem **Panorama**-Tool (Image Composite Editor) mehrere Bilder mit der Panorama-Funktion zu einem beeindruckenden Bild verschmelzen.
Sie können diese beiden Tools über denselben Weg wie Photosynth herunterladen.

Bild 6.21 Weitere Markierungen

Und die bewegten Bilder?

Vielleicht haben Sie im Menü **Ansicht** schon den Eintrag **Diashow** gesehen. Damit können Sie aus einer Reihe von Bildern automatisch eine Diashow mit tollen Übergängen, Animationen und Musik erstellen. Im nächsten Kapitel lesen Sie, wie das geht. Und Sie lernen Windows Live Movie Maker kennen, Ihr Programm zur Videobearbeitung.
Und Action!

WEB TAGS

Flickr · Bildbearbeitung · Retuschieren · Freigabe · Gesichtserkennung · Photosynth · Fotofusion · Markierung · Windows Live Fotogalerie

7 UND BITTE! – FILME BEARBEITEN MIT WINDOWS LIVE MOVIE MAKER

Windows Live hat auch einiges zu bieten in der Disziplin Videobearbeitung. Mit der Installation der Windows Live Essentials haben Sie es auch bereits an Bord: den Windows Live Movie Maker.
Movie Maker ist bereits seit einigen Jahren auf dem Markt und war zeitweise fester Bestandteil des Microsoft-Betriebssystems Windows. Das anfangs ein wenig holprige Programm ist inzwischen zu einem ausgewachsenen Helfer bei Filmprojekten geworden.
Die Basics des Videoschnitts sind im Prinzip überall gleich, werden aber je nach Software anders ausgeführt und bieten eventuell mehr bzw. andere Optionen in Sachen Technik und Kreativität.
Mit Windows Live Movie Maker ist das Erstellen und Gestalten Ihrer eigenen Filme ganz einfach. Verschönern Sie Ihre Filme mit visuellen Effekten und Musik.

Windows Live Movie Maker im Überblick

Das kostenlose Windows-Live-Videoschnittprogramm bietet Ihnen jede Menge Möglichkeiten. Dazu zählen zum Beispiel diese Funktionen:

Diashows erstellen: Nutzen Sie Ihre Fotos, um interessante Diashows zu erstellen. Einfach in der Fotogalerie die Bilder bearbeiten und per **Erstellen** > **Film** automatisch in Movie Maker integrieren (siehe später in diesem Kapitel).

AutoFilm-Designs: Diese Funktion macht aus Ihren Fotos und Videos automatisch und in kürzester Zeit einen Film. Sie können dabei Bildtitel, Musik oder Sounds, Übergänge und weitere Effekte integrieren.

URL

Das sind die Links zum Thema Videobearbeitung:

- windowslivehelp.com/product.aspx?productid=5
- windowslivehelp.com/forums.aspx?forumid=f5dad528-638d-4ad1-be14-31751f8af98f
- www.windowslive.de/Movie-Maker/tutorials.aspx
- http://explore.live.com/windows-live-movie-maker-file-types-faq (Formate)

Storyboard: Ziehen Sie Bilder und Videos per Drag-and-Drop in das Storyboard. Ordnen Sie im Anschluss die Reihenfolge/den Ablauf des finalen Films.

High Definition (HD) 480, 720, 1080: Speichern Sie Ihren Film in High Definition Qualität.

Importieren von Medien: Windows 7 und Windows Live Movie Maker erkennen Ihre Foto/Video-Geräte und helfen Ihnen beim Importieren.

Vorschau: Diese Funktion zeigt Ihnen visuelle Effekte in einer Vorschau an (dafür an einer ausgewählten Stelle im Film einfach kurz den Mauszeiger darüber halten), bevor Sie sich entscheiden, ob Sie diese einbauen.

Videos editieren: Bearbeiten Sie Videos, etwa indem Sie den „Roh-Clip" schneiden oder aufteilen oder weitere Video-Clips hinzufügen.

Inhaltliche Übergänge: Animieren Sie Übergänge von Foto zu Foto (Clip zu Clip oder Clip zu Foto), und zwar mit nur einem Klick. Mit einer Vorschau können Sie schneller entscheiden, was Ihnen gefällt.

Visuelle Effekte: Beleben Sie Ihren Film mit visuellen Effekten.

Fotos animieren: Machen Sie einen Film aus Ihren Fotos und beleben Sie Ihn zum Beispiel mit **Weichzeichnen** oder **Überblendung**.

Audio editieren: Passen Sie die Musik im Film an die Stimmung an.

Titel, Abspann und Bildtitel: Fügen Sie mit Titeln eine Geschichte in Ihren Film ein.

Facebook-Upload: Teilen Sie Ihre Videos mit Ihren Freunden, indem Sie sie direkt ins Internet hochladen. So können Sie sie zum Beispiel auf Ihrem SkyDrive-Online-Speicher, im Facebook-Netzwerk oder auf YouTube ablegen.

Ein Videoprojekt umsetzen

Da Movie Maker auf Ihrem System installiert ist (siehe Kapitel 1), sind Sie startklar für erste Filmprojekte.
Auf den folgenden Seiten wird anhand von Beispielmaterial beschrieben, wie Sie Videos (und Fotos) in Movie Maker importieren, nachbearbeiten, schneiden, mit Effekten versehen und exportieren.
Für ein kostenloses Programm hat Movie Maker eine ganze Menge zu bieten und ist speziell für erste Gehversuche in der Videobearbeitung sehr gut geeignet.

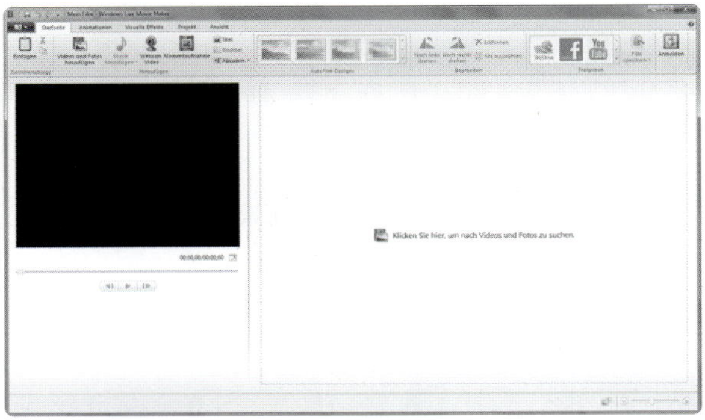

Bild 7.1 Windows Live Movie nach dem Start

Rohmaterial importieren

Die erste Aufgabe besteht darin, die Software mit Rohmaterial zu „füttern“. Quellen dafür sind Dateien, die entweder bereits auf Ihrem Computer liegen oder noch von dem Gerät heruntergeladen werden müssen, das Sie bei der Aufnahme genutzt haben.

Starten Sie Windows Live Movie Maker durch einen Klick auf den zugehörigen Eintrag im Startmenü. Sie finden ihn über **Alle Programme** > **Windows Live Movie Maker**.

Charakteristisch für die Oberfläche von Movie Maker (Bild 7.1) ist das aus Office-Produkten bekannte Menüband am oberen Rand. Links darunter sehen Sie das **Vorschaufenster** mit Monitor und Bedientasten, rechts den Bearbeitungsbereich, das **Storyboard**. Ein Storyboard ist im Filmbereich eine zeichnerische oder bildhafte Version eines Drehbuchs.

Das Material für das Beispielprojekt liegt bereits auf dem PC in der Windows-7-Bibliothek **Videos**. Movie Maker kann aber auch direkt mit einer an den PC angeschlossenen Kamera kommunizieren. Dazu lesen Sie gleich mehr.

1. Wählen Sie den Befehl **Videos und Fotos hinzufügen**, oder klicken Sie in das Storyboard.
2. Markieren Sie die gewünschte(n) Datei(en), und klicken Sie auf **Öffnen**.

TIPP

Änderungen, die Sie an Material in Windows Live Movie Maker vornehmen, haben keine Auswirkungen auf Ihre Originaldateien. Sie können also ungehemmt experimentieren. Wenn Sie ganz auf Nummer sicher gehen wollen, können Sie Ihr Rohmaterial erst kopieren, bevor Sie es für Filmprojekte heranziehen. Wenn Sie Dateien aber nach dem Import löschen oder verschieben und dann das Projekt laden, meldet Movie Maker einen Fehler.

Bild 7.2 Der Vorschaumodus links und das Storyboard rechts

Je nachdem, wie lange ein Clip ist und welches Dateiformat er hat, dauert es eventuell eine Weile, bis er von Movie Maker im Storyboard richtig angezeigt und damit verwendbar wird.

Welche Videoformate Movie Maker unterstützt, finden Sie unter dem Link in der URL-Box. Die importierten Filme werden im Storyboard hintereinander gelegt (Bild 7.2). Jeder Clip wird dabei durch einen Filmstreifen repräsentiert.

Je nach Dauer eines Clips ist der Streifen unterschiedlich lang und in Abschnitte unterteilt, die jeweils mit einem **Frame** dargestellt werden. Im Vorschaufenster sehen Sie den ersten Frame des ersten Clips. Oben im Programmfenster wurde außerdem das Menüband um die **Videotools** erweitert, die gleich zum Einsatz kommen.

- Wenn Sie sich alle Clips anschauen möchten, klicken Sie einfach auf die Wiedergabe-Taste unter dem Monitor, oder Sie drücken die Leertaste.

> **TIPP**
>
> Movie Maker kann Clips in 90-Grad-Schritten drehen. Falls also einmal die Ausrichtung nicht passt, markieren Sie ihn, und klicken Sie im Menü **Startseite** einfach auf die Schaltfläche für **Linksdrehung** bzw. **Rechtsdrehung**.

- Die aktuelle Position in einem Clip erkennen Sie am senkrechten, schmalen Strich im Storyboard, der **Zeitmarke**. Bezogen auf das gesamte Material im Storyboard lässt sich die aktuelle Position an der Zeitanzeige bzw. der Fortschrittsanzeige unterhalb des Monitors ablesen.
- Durch erneuten Klick auf die Wiedergabe-Taste bzw. Drücken der Leertaste halten Sie den aktuell gezeigten Clip an.
- Wenn Sie zu einem bestimmten Clip springen möchten, klicken Sie seinen Filmstreifen an und drücken dann auf **Wiedergabe**.

- Sofern ein Clip Ton enthält und Ihre Lautsprecher an sind, ist er automatisch zu hören. Die Lautstärke anpassen können Sie durch Klick auf **Videolautstärke** im Menü **Bearbeiten** und Justieren des Schiebereglers. Die Einstellung kann für jeden Clip individuell vorgenommen werden.

- Wenn Sie zusätzlich zum Ton in Clips Hintergrundmusik einsetzen (mehr dazu weiter hinten), ist es wichtig, beide Audioquellen abzustimmen. Das können Sie mit dem Befehl **Audiomix** im Menü **Projekt**. Das Symbol links neben dem Regler steht für Clip-Audio, rechts ist das für die Musik. Je weiter der Regler rechts steht, desto stärker wird die Musik betont.
- Durch Clips „spulen" Sie, indem Sie den Regler unter dem Monitor anfassen, die Maustaste gedrückt halten und die Maus nach links und rechts schieben.
- Die Größe der Miniaturen im Storyboard können Sie anpassen: Klicken Sie dazu auf die Schaltfläche **Miniaturansichtsgröße ändern** rechts unten im Programmfenster, und wählen Sie eine Option.
- Mit der Plus- bzw. Minus-Taste und dem Schieberegler rechts daneben stellen Sie die Anzeige der Filmrollen ein. Je weiter rechts der Regler ist, desto mehr Abschnitte hat eine Filmrolle.

> **TIPP**
>
> Einen Clip können Sie auch einfügen, indem Sie den Quellordner und das Programmfenster von Windows Live Movie Maker nebeneinander legen und die Datei per Drag-and-Drop in das Storyboard ziehen.

Wenn Sie feststellen, dass ein importierter Clip doch nicht in Ihrem Film auftauchen soll, markieren Sie ihn, öffnen Sie das Kontextmenü, und klicken Sie anschließend auf **Entfernen**. Lag der Clip zwischen zwei anderen, schließen nun nachfolgende Clips automatisch direkt auf, sodass keine Lücke bleibt.

Rohmaterial direkt vom Aufnahmegerät importieren

Die Clips aus dem Beispielprojekt waren bereits auf dem Computer, als sie in Movie Maker importiert wurden. Wenn Sie nach einem Dreh aber ohne Umweg mit einem Filmprojekt beginnen möchten, können Sie Ihre Kamera an den PC anschließen und die Clips direkt von Movie Maker aus übertragen.

Wählen Sie dazu den Befehl **Von Gerät importieren** aus dem Movie Maker-Menü. Geben Sie dann die Quelle für die Clips an. Sie können wahlweise den Import aller Clips auf dem Gerät anweisen oder auf die Elemente beschränken, die Sie benötigen.

Nach dem Import liegen die Dateien standardmäßig in der Bibliothek **Bilder** von Windows 7. Zur Übernahme in Ihr Movie Maker-Projekt haben Sie dann die gleichen Möglichkeiten wie weiter vorne beschrieben.

Bild 7.3 Trimmen eines Clips vom Anfang her

Material trimmen und schneiden

Nach dem Import des „Rohstoffs“ wählen Sie die Szenen aus, die im Film bleiben sollen.

Mit Movie Maker sollen also Clips von vorne oder hinten passend beschnitten (getrimmt) werden. An anderen Stellen sollen zudem mittlere Segmente herausgeschnitten werden.

Auf diesem Weg lernen Sie einige grundlegende Videoschnitttechniken am PC kennen und anwenden.

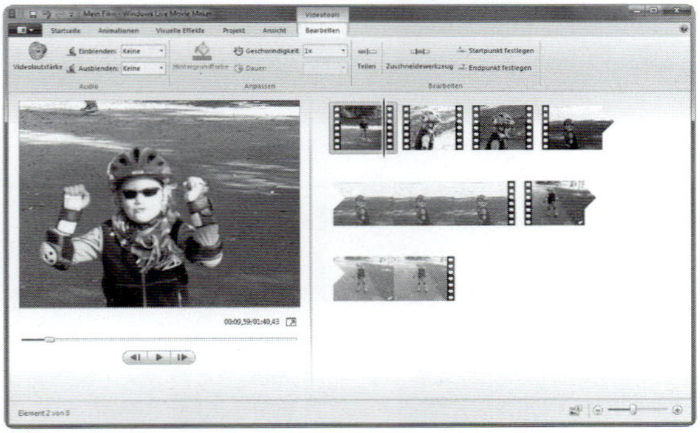

Bild 7.4 Trimmen vom Endpunkt her

1. Doppelklicken Sie auf einen Clip, der beschnitten werden soll. Das Menüband wechselt zum Menü **Bearbeiten**.
2. Spielen Sie den Clip von vorne bis zu der Stelle ab, an der beschnitten werden soll (Bild 7.3).
3. Klicken Sie im Menüband auf den Befehl **Startpunkt festlegen**. Das Teilstück vor der Positionsmarke ist weg, der Clip hat einen neuen Anfangspunkt.
4. Gehen Sie nun zu der Stelle im Clip, von der aus das Ende weggeschnitten werden soll.
5. Klicken Sie im Menüband auf den Befehl **Endpunkt festlegen**. Der Clip hat nun auch einen neuen Endpunkt (Bild 7.4).
6. Doppelklicken Sie nun auf einen Clip, bei dem Sie ein Stück aus der Mitte entfernen möchten.
7. Gehen Sie zu der Stelle, an der das unerwünschte Stück beginnt (Bild 7.5).
8. Klicken Sie im Menüband auf den Befehl **Teilen**. Der Clip wird an der aktuellen Stelle in zwei Teile geschnitten. Jeder Teil hat seinen eigenen Filmstreifen bekommen (Bild 7.6).
9. Navigieren Sie nun zu der Stelle, an der das überflüssige Stück endet.
10. Klicken Sie wieder auf **Teilen**. Aus dem ursprünglichen Clip sind nun drei Teilstücke geworden: Vorne und hinten sind die beiden, die erhalten bleiben sollen (Bild 7.7).
11. Markieren Sie nun das unerwünschte (mittlere) Teilstück, und drücken Sie auf Ihrer Tastatur die **Entf**-Taste.
12. Nehmen Sie sich bei Bedarf weitere Clips vor, und stutzen Sie sie passend zurecht.

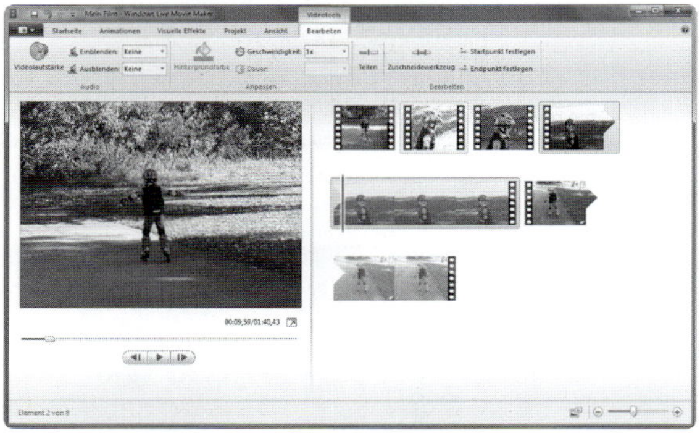

Bild 7.5 Der Clip wird an der gezeigten Stelle geteilt

Bild 7.6 Das Storyboard zeigt die Teilung

Reihenfolge der Clips ändern

Wenn alle Clips gefiltert sind, können Sie sich überlegen, ob die Reihenfolge Ihren Vorstellungen entspricht. Clips lassen sich in

Movie Maker auch verschieben. Fassen Sie dazu die zugehörige Miniatur im Storyboard an (Bild 7.8), und ziehen Sie sie bei gedrückter Maustaste an die neue Position. Ein senkrechter Strich zeigt an, wo der Clip stünde, wenn Sie die Maustaste in dem Augenblick losließen. Wenn die Reihenfolge passt, können Sie zum nächsten Schritt übergehen.

Wenn Sie einen Clip an eine Position versetzen wollen, die im Moment nicht im Storyboard sichtbar ist, brauchen Sie nicht die Ansicht zu verkleinern. Fassen Sie die Miniatur an, und bewegen Sie die „Geister"-Kopie nach unten bzw. oben. Sobald Sie am Rand angelangt sind, setzt sich das Storyboard in Bewegung. Wenn Sie den Zielbereich erreicht haben, suchen Sie die richtige Stelle, und lassen Sie die Maustaste los.

Bild 7.7 Der Clip in drei Stücken

Bild 7.8 Einen Clip umbetten

Übergänge definieren

Nach dem Import in Movie Maker sind die Übergänge zwischen Clips zunächst hart und abrupt. Wenn Ihnen das nicht gefällt, können Sie Hand anlegen. Die Software bietet verschiedene Varianten, um den Wechsel von einem Clip zum nächsten anzupassen. Da es im Beispielprojekt sportlich zugeht, sollen jetzt verschiedene Übergange für den richtigen Schwung sorgen. Markieren Sie dazu einen Clip auf dem Storyboard (nicht den ersten). Klicken Sie im Menüband auf **Animationen**. Bewegen Sie den Mauszeiger im Bereich Übergänge zu einem der Symbole. Der Übergang wird sofort auf den markierten Clip angewendet. So können Sie Ihre Auswahl vorab begutachten, ohne sie direkt anzuwenden.

Sichtbar ist nur eine kleine Auswahl an Übergängen. Mit den Pfeiltasten neben den Symbolen blättern Sie durch die verschiedenen Varianten. Mit einem Klick auf den untersten Pfeil klappen Sie ein Menü auf, das einen besseren Überblick gibt (Bild 7.9).

Klicken Sie auf die Animation, die Ihnen zusagt. Sobald Sie eine Wahl getroffen haben, können Sie

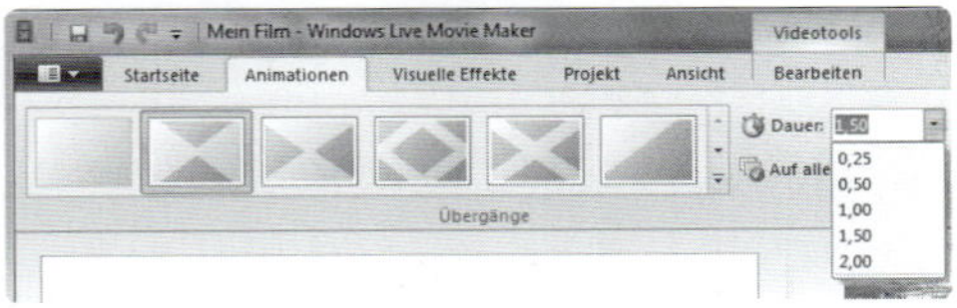

Bild 7.9 Einen Übergang anwenden

TIPP

Über den Befehl **Auf alles anwenden** wenden Sie einen Übergangstyp einheitlich auf alle Clips im Storyboard Ihres Projekts an.

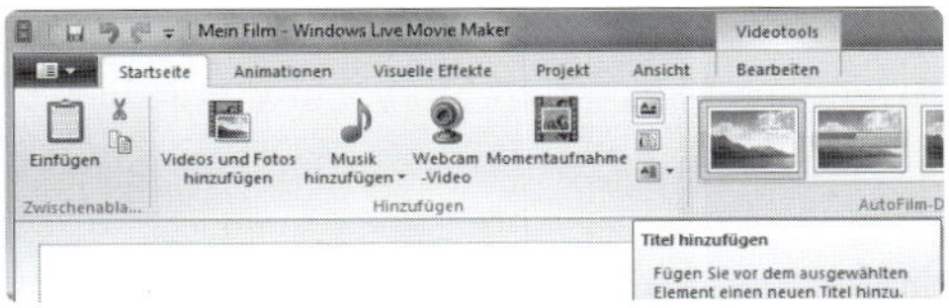

Bild 7.10 Den Filmtitel hinzufügen

festlegen, wie lange der Übergang dauern soll. Maßgebend dafür ist die Option **Dauer** im Menüband. Geben Sie in das Feld einen Wert ein, oder klicken Sie den Pfeil, und wählen Sie eine Vorgabe aus. Im Beispiel werden 1,50 Sekunden eingestellt.
Auf die gleiche Art werden für die weiteren Schnitte Übergänge definiert. Lediglich Anfang und Ende des Films sind noch unbehandelt, kommen aber gleich an die Reihe.

Titel und Abspann hinzufügen

Wie ein Buch einen Einband hat, so ist auch ein Film erst dann komplett, wenn er einen Titel und einen Abspann hat. Movie Maker hat auch für diesen Part Werkzeuge parat:

1. Klicken Sie in den ersten Clip im Storyboard.
2. Wechseln Sie in das Menü **Startseite**, und klicken Sie dort auf die kleine Schaltfläche **Titel hinzufügen** (Bild 7.10).

Vor den Auftakt-Clip wird eine schwarze Folie mit Textfeld gelegt. Im Storyboard sehen Sie zusätzlich einen Streifen mit Text. Er zeigt an, dass diese Folie Text enthält. Auch das Menüband hat sich geändert: neu sind die **Texttools**, die jetzt zum Einsatz kommen (Bild 7.11).

Bild 7.11 Die Textwerkzeuge

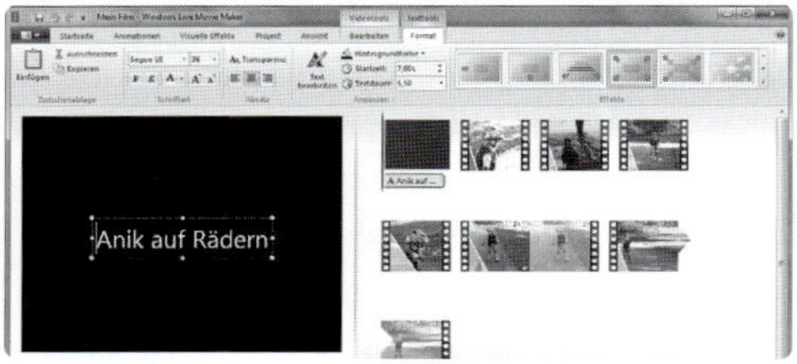

Bild 7.12 Der fertige Filmtitel

TIPP

Das Hinzufügen von Text ist nicht auf Titel und Abspann beschränkt. Wenn Sie einen Clip beschriften wollen, markieren Sie ihn im Storyboard, und klicken Sie im Menü **Startseite** auf die Schaltfläche **Bildtitel hinzufügen** (liegt bei **Titel hinzufügen**). Den Text können Sie wie einen Titel formatieren, gestalten und im Bild positionieren. Über die Optionen **Startzeit** und **Textdauer** im Menü **Format** legen Sie genau fest, ab wann und wie lange der Text gezeigt wird.

3. Ersetzen Sie den Text „Mein Film“ durch den Namen, den Ihr Film haben soll.
4. Legen Sie nach Wunsch Schriftart, -größe und -farbe fest. Diese Einstellungen nehmen Sie mit den **Texttools** vor. Auch die Hintergrundfarbe müssen Sie nicht bei Schwarz belassen.
5. Bei Bedarf können Sie das Textfeld ändern und verschieben. Greifen Sie dazu einen der Anfasser am Rahmen an, und ziehen Sie das Feld passend. Oder fassen Sie es am Rand an, bis ein Kreuz erscheint, und schieben es an die neue Stelle auf der Folie (Bild 7.12).
6. Neben der Formatierung kann der Text auch mit einem Effekt eingespielt werden. Die Varianten finden Sie im Bereich **Effekte** im Menüband. Wie bei den Animationen können Sie die Effekteauswahl aufklappen und durch Ansteuern mit dem Mauszeiger „vorkosten“. Angewendet wird ein Effekt durch Klick in die Miniatur. Im Beispiel wird ein Effekt aus der Gruppe **Zeitgenössisch** ausgesucht.
7. Zum Abschluss wird vorgegeben, wie lange der Text im Titel sichtbar sein soll. Markieren Sie das Textfeld.
8. Klicken Sie auf das Menü bei **Textdauer**. Wählen Sie einen Wert aus, im Beispiel 5,5 Sekunden (Bild 7.12). Sie können ihn bei Bedarf auch manuell eingeben.

Mit diesem Wert haben Sie die Anzeigedauer des Textes eingestellt. Wenn Sie auch die Dauer der Titelfolie ändern möchten, die standardmäßig 7 Sekunden gezeigt wird, dop-

TIPP

Für die Betrachtung von einzelnen Clips oder einem ganzen Film können Sie auch den gesamten Computer-Bildschirm nutzen. Gehen Sie zur gewünschten Stelle im Storyboard, und wählen Sie den Befehl **Vorschau im Vollbildmodus** aus dem Menü **Ansicht**. Schneller geht es mit der Taste **F11** auf Ihrer Tastatur.

pelklicken Sie auf die Miniatur im Storyboard, und geben Sie unter **Dauer** eine Zeit vor. Wenn der Auftakt des Films steht, wenden Sie sich dem Schluss zu.

1. Öffnen Sie dazu das Menü **Startseite**, und klicken Sie auf die Schaltfläche **Abspann hinzufügen**, die in der Nähe von **Titel hinzufügen** liegt (siehe Bild 7.10 auf Seite 100). Nun befindet sich hinter dem letzten Clip eine Folie mit Textfeld.
2. Gestalten Sie den Abspann mit den **Texttools**. Wenden Sie auf Wunsch auch einen Effekt oder Übergang an.
3. Legen Sie Anzeigedauer für Text und Folie fest.

Das Beispielprojekt enthält nun alle Elemente in der gewünschten Form. Eine letzte Durchsicht im Monitor zeigt, dass alles optisch und inhaltlich passt. Damit ist der Film reif für die Speicherung.

Projekt speichern

Das Filmprojekt steht kurz vor dem Abschluss. Als quasi letzter Schritt kommt die Speicherung. Speichern können (und sollten) Sie das Projekt auch vorher, besonders wenn Sie die Bearbeitung nicht in einem Durchgang beenden können. Bei Movie Maker sind mit Speicherung zwei Dinge gemeint:

- zum einen als programmeigene Datei, um das Projekt zu einem anderen Zeitpunkt im Programm weiterzubearbeiten;
- zum anderen als Film, also als Endprodukt, das unabhängig vom Programm nutzbar sein soll, beispielsweise zur Vorführung per DVD oder für den Versand per E-Mail.

Der besseren Unterscheidung wegen sprechen wir in diesem Buch im zweiten Fall von **Export** und **Exportieren**. Das Beispielprojekt soll zunächst als Projektdatei gesichert werden: Dazu öffnen Sie das Movie Maker-Menü links oben im Programmfenster und wählen den Befehl **Projekt speichern** (Bild 7.13). Nachdem Sie den Ablageort ausgesucht und einen Namen für das Projekt vergeben haben, klicken Sie auf **Speichern**.

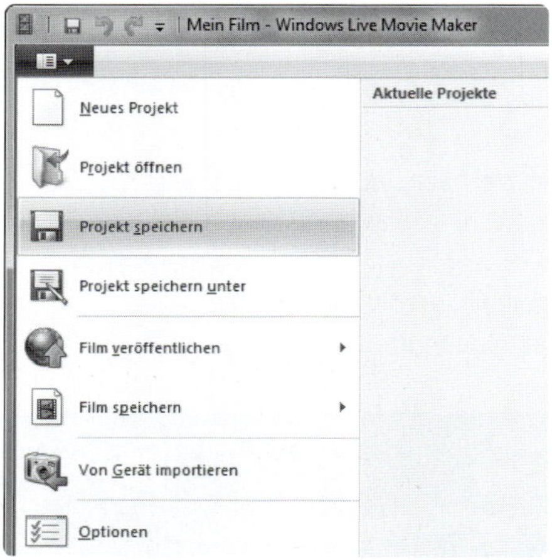

Bild 7.13 Das Projekt speichern

Film exportieren

Als Nächstes ist der Export an der Reihe. Movie Maker bietet dafür eine Reihe von Vorgaben, die per Mausklick auswählbar sind: Sie finden sie durch Klick im Menü **Startseite** unter **Film speichern**. Klicken Sie in der unteren Hälfte der Schaltfläche, sodass ein Menü aufklappt. Die darin aufgeführten Vorgaben spiegeln bestimmte Einsatzbereiche wider (Bild 7.14).

Movie Maker bereitet den Film so auf, dass er für den gewählten Zweck optimiert ist. Wenn Sie für den Film zum Beispiel die Vorgabe **Windows Phone** wählen, wird er für die Anzeige auf Smartphones hergerichtet. Das bedeutet nicht, dass das Endergebnis dann nicht auch auf dem PC angeschaut werden kann, es berücksichtigt aber primär die Bedingungen auf Handys.

Allen Vorgaben gemein ist, dass am Ende eine **WMV-Datei** (Bild 7.15) herauskommt, das Hausformat für Videos von Windows. Nähere Informationen zu einer Vorgabe sehen Sie, wenn Sie mit dem Mauszeiger dort stehen bleiben, sodass sich ein Zusatzfenster öffnet. Darin werden unter anderem die Anzeigegröße und das Seitenverhältnis genannt. Interessant ist auch die geschätzte Dateigröße. Sie gibt an, wie viel Speicherplatz der Film pro Minute Dauer beanspruchen würde. Wie lange Ihre Show ist, steht unter dem Vorschaufenster. Multiplizieren Sie die Dauer in Minuten mit dem Schätzwert, und Sie haben eine „Hausnummer“ für die endgültige Größe. Was aber tatsächlich rauskommt, lässt sich nur im Nachhinein anhand der Angabe im Windows-Dateiordner entnehmen.

Bild 7.14 Den Film aufbereiten

Bedenken Sie bei der Wahl der **Exportvorgabe** immer, welche Qualität das Material hat, das Sie im Projekt verwendet haben. So kommen Clips, die mit einem Handy aufgezeichnet wurden, bei der Aufbereitung für hohe Auflösung in der Regel nicht unbedingt gut weg.

Am besten, Sie testen das Ergebnis und wählen bei Bedarf eine andere Vorgabe. Im Beispielprojekt wird als Exportoption **Für E-Mail** gewählt. Sobald Dateiname und Speicherort bestimmt sind, klickt man auf **Speichern**.

Movie Maker rendert dann den Film, das heißt, alle Schnitte, Effekte etc. werden endgültig umgesetzt. Je nach Anforderung der

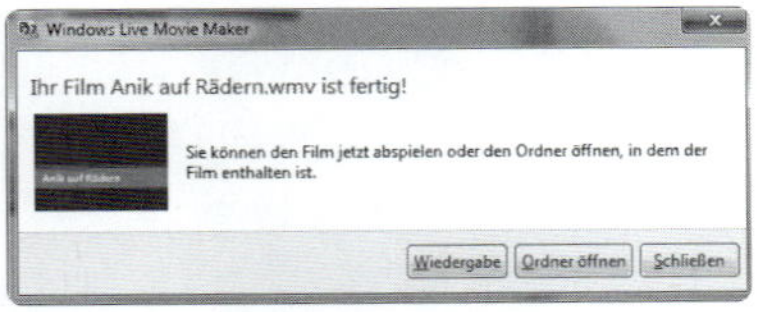

Bild 7.15 Der abspielbereite Film

Bild 7.16 Der Film im Windows Media Player

Vorgabe und Länge des Films kann das eine Weile dauern. Eine Fortschrittsanzeige informiert Sie über den Stand.

Den fertigen Film anschauen

Wenn das Programm mit seiner Arbeit fertig ist, erscheint eine Meldung mit verschiedenen Optionen. Sie können zum Beispiel den gerade exportierten Film anschauen: Durch Klick auf **Wiedergabe** starten Sie den **Windows Media Player**, der den Film lädt und in der Größe anzeigt, die an die Exportvorgabe geknüpft ist, im Beispiel **Für E-Mail** (Bild 7.16).

Die transparent über das Display gelegten Schaltflächen verschwinden nach einer Weile, wenn Sie den Mauszeiger aus dem Fenster bewegen oder unbewegt lassen, sodass Sie einen ungehinderten Blick auf das Video haben. Sie blenden sich wieder ein, sobald Sie die Maus bewegen oder in das Fenster hineinfahren. Schließen Sie nach dem Abspielen den Player.

Wenn Sie möchten, können Sie von Movie Maker aus dasselbe Projekt auf andere Art exportieren, oder aber die Movie-Maker-Sitzung beenden. Prüfen Sie am besten noch, ob die Filmdatei für den vorgesehen Zweck (im Beispiel als E-Mail-Anhang) nicht zu groß ist, damit sie auch sicher am Ziel ankommt.

Das erste Projekt hat gezeigt, dass Movie Maker eine beachtliche Auswahl an Funktionen und Optionen zur Filmproduktion bietet. Was Microsofts Video-Tool an Audiofunktionen bietet und wie es auf seinen Windows-Live-Bruder, die Fotogalerie, abgestimmt ist, zeigt ein weiteres Projekt, das im Anschluss beschrieben wird.

TIPP

Bei Movie Maker müssen Sie nicht auf Zeitlupe und -raffer verzichten, zwei interessante und gängige Effekte in der Filmproduktion. Wenn Sie einen markierten Clip schneller oder langsamer zeigen möchten, doppelklicken Sie auf die Miniatur, und wählen Sie im Menü **Bearbeiten** einen Faktor bei **Geschwindigkeit**. Je höher der Wert, desto schneller rauscht der Clip durch.

Fotos mit Bewegung: eine Diashow erstellen

Bei Windows Live werden Fotogalerie (Kapitel 6) und Movie Maker quasi als Siamesen behandelt: Sie können nur gemeinsam installiert werden. Warum das so ist und wie das Zusammenspiel zwischen den beiden funktioniert, lässt sich anhand eines Beispielprojektes nachvollziehen, bei dem eine Reihe von Fotos von einem Aufenthalt auf einer Insel zu einer Diashow zusammengestellt und auf DVD gebrannt werden sollen.

Bild 7.17 Bilder direkt aus Windows Live Fotogalerie nutzen

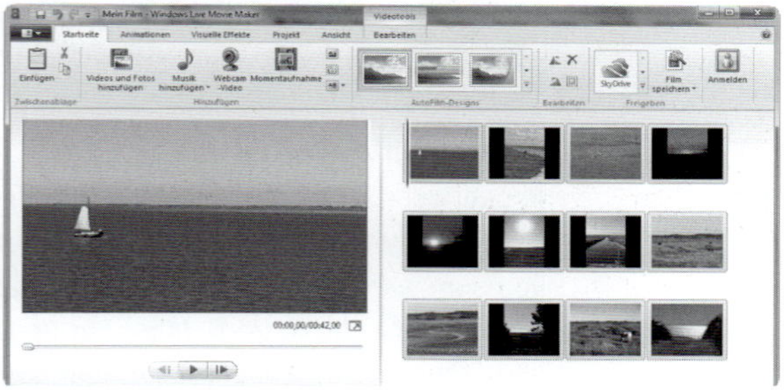

Bild 7.18 Die Bilder auf dem Storyboard

Bilder für die Show auswählen

Zuerst erfolgt die Auswahl der Bilder für die Diashow. Nachbearbeiten können Sie Fotos in Movie Maker nicht. Wenn Hand angelegt werden muss, geht das nur in der Fotogalerie:

1. Starten Sie Windows Live Fotogalerie.
2. Rufen Sie den Ordner mit den Fotos auf, die in Form einer Diashow gezeigt werden sollen.
3. Markieren Sie die Elemente. Zahl, Reihenfolge und/oder Auswahl der Bilder müssen dabei noch nicht feststehen. Sie können jeden Aspekt später jederzeit ändern.
4. Klicken Sie auf den Karteireiter **Erstellen** und auf **Film** (Bild 7.17).

Damit werden die markierten Bilder an Movie Maker übergeben. Nachdem das Programm gestartet wurde, sehen Sie links den Vorschaumonitor mit dem ersten Foto, rechts das Storyboard mit allen in der Fotogalerie gewählten Bildern (Bild 7.18).
Wenn Sie nachträglich Bilder hinzufügen möchten, brauchen Sie nicht erst wieder zur Fotogalerie zu wechseln. Klicken Sie im Menü **Startseite** auf die Schaltfläche **Videos und Fotos hinzufügen**. Die Fotos werden hinter einer Miniatur an der Stelle eingefügt, an der die Positionsmarke gestanden hat, als Sie den Befehl aufgerufen haben.

TIPP

Wie im Datei-Browser unter Windows können Sie auch im Storyboard mehrere Elemente auf einmal auswählen. Mit gedrückter Umschalttaste können Sie eine Folge durchgängig auswählen, indem Sie am Anfang und am Ende klicken. Die Auswahl nicht aufeinander folgender Elemente erfolgt bei gedrückter **Strg**-Taste.

Wenn Sie im Laufe der Gestaltung feststellen, dass das eine oder andere Foto nicht hineinpasst, markieren Sie seine Miniatur im Storyboard, und drücken Sie die Entf-Taste auf Ihrer Tastatur. Wie weiter vorne bei Video-Clips schon beschrieben, schließen die nachfolgenden Fotos die entstandene Lücke.

Fokus: Seitenverhältnis

Je nachdem, in welchem Format Ihre Bilder für die Show vorliegen, sind oben und unten bzw. links und rechts schwarze Ränder zu sehen. Diese Ränder entstehen, wenn die Fotos im wahrsten Sinne des Wortes nicht exakt in den Rahmen passen. Damit sie aber zum einen nicht verzerrt und zum anderen vollständig angezeigt werden, muss Movie Maker auf die Ränder zurückgreifen. Korrigieren lässt sich die Einpassung über den Karteireiter Projekt. Dort stehen zwei Formate zur Auswahl: 16:9 und 4:3. Sie ändern das Format, indem Sie auf die jeweilige Schaltfläche klicken.
Aber Achtung: Bei Aufnahmen, bei denen die Kamera hochkant gemacht wurde, bleiben die Ränder erhalten, egal welches Seitenverhältnis Sie wählen.

Bilder in die richtige Reihenfolge bringen

Die Bilder für die Diashow sind noch nicht richtig sortiert. Dazu werden, wie vorne bei Video-Clips gezeigt, die Miniaturen im Storyboard mit dem Mauszeiger angefasst und an die richtige Stelle gesetzt.

Design und Musik auswählen

Das Grundgerüst für die Diashow steht nun. Um den „Show"-Charakter der Fotovorführung ein wenig hervorzuheben, kommt jetzt ein passender optischer und akustischer „Rahmen". Movie Maker bietet dazu diverse Einstellungen, von denen Sie einige schon im Laufe des Kapitels kennengelernt haben. Sie können die Gestaltung aber auch beschleunigen, indem Sie eines der zur Verfügung gestellten Designs aus dem Bereich AutoFilm-Design wählen und damit Movie Maker mit der Festlegung von Übergang und Darstellung zu betrauen.

1. Öffnen Sie dazu das Menüband **Startseite**, und wenden Sie sich dem Bereich **Auto-Film-Designs** zu.

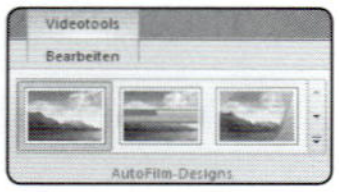

Um Designs anzutesten, brauchen Sie nur den Mauszeiger in die Miniatur hineinzubewegen. Movie Maker zeigt dann nicht nur den Namen der Design-Vorlage an, sondern anhand der ersten Bilder auch, wie das Design bei Ihrem Projekt wirken würde. Wenn Sie den Mauszeiger aus der Miniatur hinausbewegen, endet die Vorschau sofort. Und wenn Sie eine Miniatur anklicken, wird ein Design auf die gesamte Diashow angewendet. Im Beispiel wird **Schwenken und Zoomen** gewählt.

2. Movie Maker fragt nach der Wahl des Designs, ob Musik hinzugefügt werden soll. Klicken Sie auf **Ja**.
3. Wählen Sie die Musikdatei aus, und klicken Sie auf **Öffnen**.

Sie können sich auch später um die akustische Untermalung kümmern: über den Befehl **Musik hinzufügen** im Menüband **Startseite**. Welche Audioformate Movie Maker „spricht", finden Sie beim Link in der URL-Box.

Durch die Wahl des Film-Designs und eines Musikstücks hat sich das Storyboard verändert (Bild 7.19): Oberhalb der Miniaturen ist ein Balken mit dem Titel des Musikstücks und eventuell anderen Angaben erschienen. Da ja eben auch ein AutoFilm-Design angewendet wurde, sieht man außerdem ganz am Anfang einen Vorspann und am Ende einen Abspann.

Wenn Sie den Mauszeiger über die Miniatur eines Ihrer Fotos positionieren, erscheint ein Infofenster, in dem unter anderem angezeigt wird, welche Art der Überblendung, welchen Effekt und welche Dauer Movie Maker ausgesucht hat. Diese Einstellungen können Sie alle ändern. Im Beispielprojekt sollen aber alle unverändert gelassen werden.

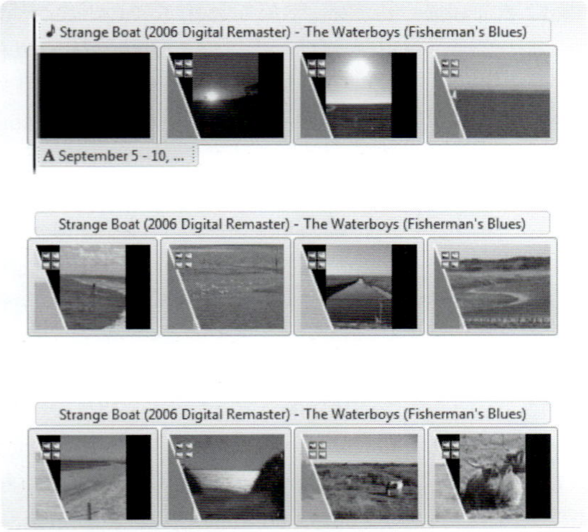

Bild 7.19 Die Musikspuren auf dem Storyboard

> APROPOS
>
> Das für das Beispielprojekt gewählte AutoFilm-Design **Schwenken und Zoomen** beruht auf dem sogenannten **Ken-Burns-Effekt**. Namensgeber dafür ist Ken Burns, ein bekannter Dokumentarfilmer aus den USA. Die Art, Fotos nicht statisch abzufilmen, sondern durch Schwenks und Zooms Dynamik zu verleihen, wird ihm zugeschrieben.

Musik bearbeiten

Movie Maker gibt ein hinzugefügtes Musikstück immer mit einer bestimmten Lautstärke wieder. Wenn Sie daran etwas ändern wollen, öffnen Sie das Menüband **Optionen** der **Musiktools**. Klicken Sie auf **Musiklautstärke**, und schieben Sie den Regler passend.

Scrollen Sie zum Ende der Filmrolle, und prüfen Sie dort, ob die Musik gleichzeitig mit der Bilder-Show endet. Im Beispielprojekt ist das gewählte Musikstück bei der aktuellen Zeiteinstellung lang genug für die Show. Ist das bei Ihnen auch der Fall, spielen Sie die letzten Sekunden testweise ab. Die Musik wird langsam ausgeblendet und ist lautlos, wenn der letzte Teil des Abspanns durch ist.

Bild 7.20 Musik anpassen

Wenn die Musik zu kurz für die Show ist, brauchen Sie keine Bilder auszusortieren, nur damit Bild und Ton zeitlich enden: Klicken Sie auf den Karteireiter **Projekt**, und wählen Sie den Befehl **An Musik anpassen** (Bild 7.20). Wenn Sie danach das Ende das Storyboard anschauen, schließt das Musikstück mit der Show ab. Movie Maker hat dazu aber nicht die Musik verlängert, sondern die Anzeigedauer der einzelnen Fotos verkürzt.

Vor- und Abspann einrichten

Als Nächstes müssen die Textelemente im Vor- und Abspann angepasst werden. Wie der Anfang eines Films gestaltet wird, haben Sie schon im ersten Beispielprojekt gelesen. Neu hinzu kommt in der Diashow ein Texteffekt:

1. Öffnen Sie das Menü **Format** der **Texttools**.
2. Positionieren Sie den Mauszeiger im Bereich **Effekte** in einer Miniatur. Der zugehörige Effekt wird direkt vorgeführt.
3. Klicken Sie auf eine Miniatur – im Beispiel **Vergrößern – groß** (Bild 7.21) –, um den Effekt auf den Text anzuwenden.

VORSICHT

Movie Maker kann zwar immer nur ein Musikstück auf einmal abspielen, Sie können den Titel aber im Laufe eines Films wechseln. Nachdem Sie zum Beispiel in den **Musiktools** über die Option **Endpunkt** festgelegt haben, wann das erste Stück enden soll, klicken Sie an der Nahtstelle auf **Musik hinzufügen** und wählen das Stück aus. Um den Übergang zwischen beiden Stücken geschmeidiger zu machen, können Sie die Optionen **Einblenden** und **Ausblenden** anpassen.

Nun ans Ende des Films, um den Abspann zu definieren:

4. Gehen Sie zum Ende der Filmrolle. Dort befinden sich beim gewählten Design drei Textfelder. Doppelklicken Sie auf das erste Textfeld.
5. Wenn wie in diesem Fall der Text nur schwer erkennbar ist, können Sie die Anzeige ändern. Fassen Sie dazu die Positionsmarke im Storyboard mit der Maus an, und ziehen Sie sie an die gewünschte Position.
6. Nehmen Sie dann die gewünschten Änderungen an Inhalt und Aussehen des Textes vor.
7. Gehen Sie bei den beiden anderen genauso vor. Im Beispielprojekt wird nur der erste Teil des Abspanns benötigt. Zum Löschen von Frame und Text klickt man den Frame per Rechtsklick an und wählt im Kontextmenü **Entfernen**.

Die Bilder sind komplett, die Musik steht, und das Design ist fertig. Auch die Generalprobe ist zufriedenstellend ausgefallen. Die Show ist reif für den Export.

Die Diashow exportieren

Wie weiter vorne bereits erwähnt, bezieht sich „Speichern" in Movie Maker zum einen auf das Projekt, zum anderen auf den Film, also das Endprodukt, das zur Vorführung gedacht ist. Die Diashow wurde als Projekt gespeichert. In einem zweiten Schritt soll es nun auf DVD gebrannt werden. Los geht es, wie vorne beschrieben (siehe auch Bild 7.14), über das Menü **Startseite** und das Untermenü von **Film speichern**. Wählen Sie darin den Eintrag

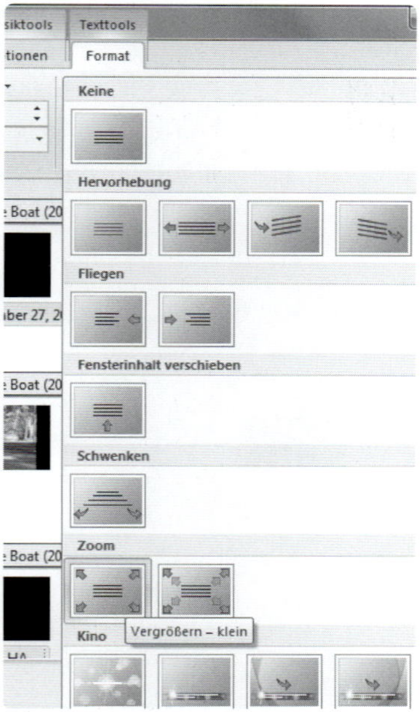

Bild 7.21 Effekte auswählen

DVD brennen. Sie werden gebeten, einen Namen für die Show zu vergeben und einen Speicherort auszuwählen. Nachdem Sie auf **Speichern** geklickt haben, wird die Diashow zunächst als WMV-Datei exportiert. Schließen Sie die Meldung hierzu. Danach wird der Windows DVD Maker geladen, der zum Standardgepäck von Windows 7 gehört.

1. Prüfen Sie, ob in der Aufnahmeliste die Diashow aufgeführt wird.
2. Ändern Sie gegebenenfalls den Titel der DVD, im Beispiel wird er in den Namen der Diashow umbenannt, und klicken Sie auf **Weiter** (Bild 7.22).
3. Wählen Sie einen **Menüstil** aus, im Beispiel **Videoleinwand** (Bild 7.23).
4. Wenn Sie am Stil Änderungen vornehmen möchten, klicken Sie auf **Menü anpassen** oder **Menütext**. Darüber können Sie auch einen eigenen Menüstil gestalten.
5. Wenn Sie sich vor dem Brennen vergewissern möchten, dass alles passt, klicken Sie auf die Schaltfläche **Vorschau**. Im Fenster wird die DVD mitsamt der wichtigsten Tasten einer Fernbedienung simuliert. Sie beenden die Vorschau durch Klick auf **OK**.
6. Wenn alles bereit ist, klicken Sie auf **Brennen**.

Falls Sie noch keinen leeren DVD-Rohling in den Brenner eingelegt haben, werden Sie nun dazu aufgefordert. Sobald der Datenträger erkannt ist, beginnt automatisch der Brennvorgang, der je nach Umfang des Films einige Zeit dauern kann. Nach erfolgreichem Abschluss erscheint eine Meldung.

Bild 7.22 Der Windows DVD-Maker

Bild 7.23 Letzte Einstellungen für die Diashow

Achten Sie bei der Wahl des Rohlings auf ein Format, das Ihr DVD-Player bzw. DVD-Rekorder oder DVD-Brenner unterstützt. Viele Geräte können inzwischen zwar mit allen wichtigen Formaten umgehen, aber sicher ist sicher!

Wenn Sie die DVD auf einem anderen Rechner einlegen, werden automatisch der Windows Media Player geladen und die Diashow gestartet (Bild 7.24).

Wenn Sie die Scheiben in einen DVD-Player bzw. -Rekorder einlegen, wird das Titelmenü sofort geladen, und Sie können die Show am Fernseher genießen.

Bild 7.24 Der Film im Windows Media Player

Zeit für einen Schnitt

Je länger Sie sich mit Windows Live Movie Maker beschäftigen, desto schneller werden Sie merken, dass Videobearbeitung am Computer zwar ein bisschen Eingewöhnungszeit braucht, aber auch keine Hexerei ist. Die Software lädt ja auch zum Probieren und Experimentieren ein.

Jetzt ist es Zeit für einen harten Cut: Im folgenden Kapitel geht es um zwei ganz andere, aber sehr wichtige Themen: das Synchronisieren von Daten und den „Remote-Zugriff" von einem PC auf einen anderen. So können Sie zum Beispiel aus der Ferne kleine Reparaturarbeiten an einem anderen PC erledigen.

WEB TAGS

Storyboard · Rohmaterial · Clip · Übergang · Abspann · Windows Live Movie Maker · Trimmen · Schneiden · Diashow

8 ALLES AUF DEM LAUFENDEN: MIT WINDOWS LIVE MESH DATEN SYNCHRONISIEREN

Mit der Installation der Windows Live Essentials auf Ihrem Rechner haben Sie die Basis gelegt, um die Cloud für das Synchronisieren Ihrer Daten zu nutzen.

Das Essentials-Programm Windows Live Mesh (vormals Sync) nutzt Ihren SkyDrive-Speicherplatz im Internet, um Ordner auf verschiedenen PCs zu synchronisieren. Für die Synchronisierung per Live Mesh steht mit fünf GByte zwar nur ein Teil Ihres kostenlosen SkyDrive-Speicherplatzes von insgesamt 25 GByte zur Verfügung - doch damit kommen Sie ziemlich weit.

Wenn Sie also beispielsweise einen Desktop-PC, ein Notebook, einen PC im Büro und vielleicht noch ein Windows-7-Smartphone haben, können Sie mit Live Mesh sehr einfach sicherstellen, dass von Ihnen ausgewählte Ordner auf all Ihren Geräten immer dieselben Dateien enthalten, also automatisch synchronisiert werden.

Neben der Synchronisation Ihrer eigenen Rechner eignet sich Live Mesh auch, um einzelne Ordner mit Fotos, Dokumenten, Filmen oder Musik mit Freunden oder Verwandten zu teilen, sofern diese ebenfalls Live Mesh installiert haben.

Im Gegensatz zu den meisten anderen Programmen der Windows Live Essentials ist Mesh auch für Macs erhältlich.

Wenn Live Mesh auf Windows-Rechnern eingesetzt wird, kann es sogar noch mehr, als Ordner und Daten zu synchronisieren. Denn das Programm erlaubt - eine Internet-Verbindung vorausgesetzt - auch den Fernzugriff (Remote-Zugriff) auf andere Windows-PCs, selbst wenn die an einem ganz anderen Ort stehen.

URL

Das sind die Links zu Windows Live Mesh:

- http://explore.live.com/windows-live-mesh-devices-help-center
- http://explore.live.com/windows-live-mesh
- http://www.windowslive.de/Blog/post/2011/05/09/Windows-Live-Mesh-USB-Stick-war-gestern.aspx
- http://www.microsoft.com/download/en/details.aspx?id=26811 (Mesh für Mac, in Englisch)

Synchronisieren von Ordnern zwischen PCs

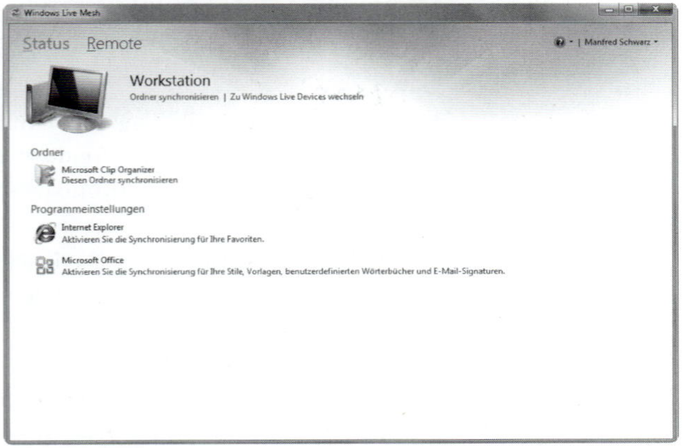

Bild 8.1 Windows Live Mesh

Wenn Sie mit Windows Live Mesh Ordner zwischen Ihren Computern synchronisieren, werden Änderungen, die Sie an einem Computer vornehmen, auf den anderen Computern übernommen, sobald sie online sind. Der Inhalt der synchronisierten Ordner wird auf allen Computern gespeichert, damit Sie ihn selbst dann verwenden können, wenn Sie nicht mit dem Internet verbunden sind.

Dies sind einige der Funktionen und Möglichkeiten von Live Mesh rund ums Synchronisieren:

- Fotos synchronisieren: Halten Sie alle Fotos auf Ihren Computern synchron, auf denen die Windows Live Fotogalerie installiert ist (siehe Kapitel 6).
- Fotos wiederherstellen: Wenn Sie Fotos oder Dokumente auf mehreren Computern synchronisiert haben, können Sie diese bei Verlust einfach wiederherstellen.
- Mehrere Geräte gemeinsam updaten: Synchronisieren Sie Dokumente, Fotos oder Musik zwischen verschiedenen Computern.
- Freigegebene Ordner synchronisieren: Sie können auch freigegebene Ordner zum Beispiel gemeinsam mit Freunden oder Bekannten synchronisieren.
- Online-Konfiguration: Konfigurieren Sie alle Ordner online.
- Zugriff von nahezu überall: Greifen Sie auf Ihre Daten von nahezu überall her zu – einzig eine Internet-Verbindung ist nötig.
- Datensicherung: Sichern Sie Ihre Daten, falls Sie diese einmal versehentlich löschen sollten.
- Einfache Bedienung und Konfiguration: Mesh lässt sich denkbar einfach einrichten und bedienen.
- 100.000 Dateien und 200 Ordner gleichzeitig: Mit Windows Live Mesh können Sie bis zu 200 verschiedene Ordner synchronisieren, die jeweils bis zu 50 GB groß und bis zu 100.000 Dateien enthalten können.

Daten einrichten

Richten Sie auf dem PC einen Ordner ein, dessen Dateien synchronisiert werden sollen.

1. Starten Sie Windows Live Mesh auf Ihrem PC über das Windows-Startmenü > **Alle Programme** > **Windows Live** > **Windows Live Mesh**.
2. Klicken Sie auf **Ordner synchronisieren**, (Bild 8.1), und wählen Sie einen Ordner aus.
3. Aktivieren Sie **Synchronisierter SkyDrive-Speicher** sowie eventuell weitere Geräte, auf denen dieser Ordner angelegt werden soll (Bild 8.2).

Die Daten werden hochgeladen. Sie haben nun immer eine Kopie dieses Ordners auf Windows SkyDrive verfügbar. Alle Übertragungen sind mit TSL- (Transport Layer Security) oder SSL-Protokollen (Secure Sockets Layer) verschlüsselt.

Sie können Live Mesh übrigens alternativ über das Icon im Benachrichtigungsfeld (Tray) in der Taskleiste starten.

Überblick über Ihre synchronisierten Ordner haben Sie über Windows Live Mesh und direkt auf SkyDrive.

1. Melden Sie sich zum Beispiel über **https://login.live.com** bei Windows Live an.
2. Klicken Sie im Menü in der Kopfzeile auf **Windows Live**, und wählen Sie **SkyDrive**.
3. Klicken Sie auf den Eintrag **Synchronisierte Ordner anzeigen** (Bild 8.3).

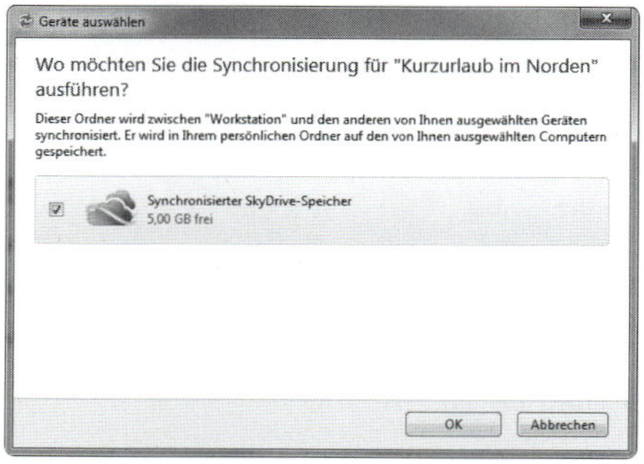

Bild 8.2 Gerät zur Synchronisierung auswählen

Einen Ordner synchronisieren

Um den Ordner auf weiteren Geräten zu synchronisieren, installieren Sie dort Windows Live Mesh, und melden Sie sich mit Ihrer Live ID an, um den PC zu den verbundenen Geräten hinzuzufügen.

Sie können Ihren synchronisierten Ordner mit einem Doppelklick öffnen und über **Geräte auswählen** den PC hinzufügen.

Sobald auf diesem Gerät Live Mesh gestartet wird, erfolgt ein Abgleich des Ordners, das heißt, alle geänderten oder neuen Dateien sind auf allen Geräten verfügbar.

Klicken Sie auf **Ordner synchronisieren**. Wählen Sie den Ordner aus, den Sie synchronisieren möchten, und klicken Sie dann auf **Synchronisieren** (eventuell müssen Sie vorher dort einen leeeren Ordner mit dem gewünschten Namen anlegen). Wählen Sie die anderen Computer aus, auf denen der Ordner synchronisiert werden soll, und klicken Sie dann auf **OK**. (Bild 8.4) Der Ordner wird auf allen ausgewählten PCs im persönlichen Ordner gespeichert. Sie können auf diesen Ordner zugreifen, indem Sie im Startmenü auf Ihren Namen klicken.

Auf allen ausgewählten Macs wird der Ordner im persönlichen Ordner gespeichert.

Wenn Sie auf die Ordner zugreifen möchten, die Sie im synchronisierten SkyDrive-Speicher synchronisiert haben, klicken Sie auf **Zu Windows Live Devices wechseln**, und klicken Sie dann auf **Synchronisierte Ordner anzeigen** (Bild 8.5).

Synchronisierte Ordner verschieben oder löschen

Das Verschieben und Löschen synchronisierter Ordner unterscheidet sich vom Verschieben oder Löschen von deren Inhalt:

- Wenn Sie Inhalte zwischen synchronisierten Ordnern verschieben, wer-

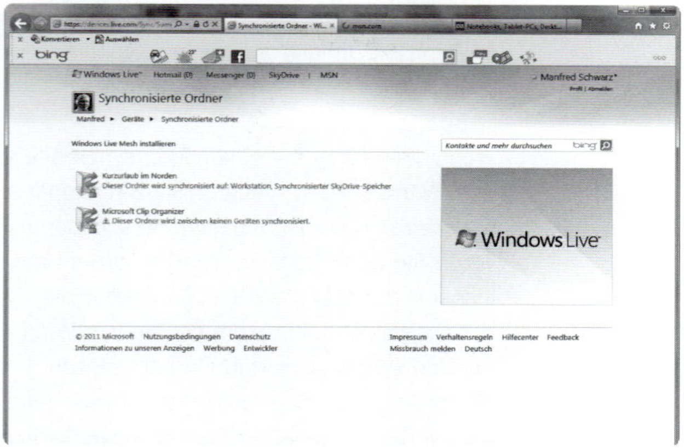

Bild 8.3 Überblick über die synchronisierten Ordner

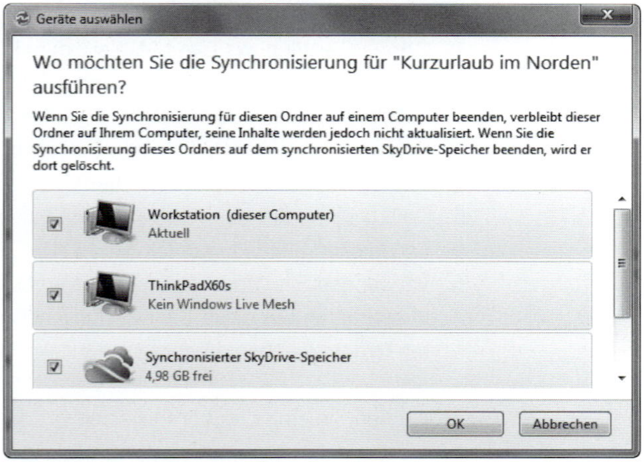

Bild 8.4 Der „Kreis" der Geräte erweitert sich

Bild 8.5 Wo liegen synchronisierte Fassungen des Ordners?

den sie auf allen Geräten verschoben, auf denen die Ordner synchronisiert werden.

- Wenn Sie Inhalte aus einem synchronisierten Ordner löschen, werden sie auf allen Computern, auf denen die Ordner synchronisiert werden, in den Papierkorb verschoben.

Wenn der Ordner auf einem Mac synchronisiert wird, wird er in den Papierkorb verschoben. Wenn Sie den synchronisierten Ordner selbst verschieben oder löschen, wird er auf anderen Geräten jedoch nicht verschoben oder gelöscht.

Wenn Sie einen synchronisierten Ordner mit dem gesamten Inhalt auf einem Computer löschen möchten, müssen Sie zuerst die Synchronisierung beenden. Andernfalls wird der Ort des Ordners beim Öffnen von Windows Live Mesh auf dem Computer, auf dem Sie den synchronisierten Ordner gelöscht haben, im Programm nicht richtig angezeigt. Wenn Sie den synchronisierten Ordner bereits gelöscht haben, ohne die Synchronisierung vorher zu beenden, überspringen Sie in der folgenden Anweisung die Schritte 2 und 6.

So löschen Sie einen synchronisierten Ordner auf einem PC:

1. Öffnen Sie Windows Live Mesh auf dem PC.
2. Stellen Sie sicher, dass der synchronisierte Ordner, den Sie verschieben möchten, auf dem aktuellen Stand ist.
3. Klicken Sie auf den Ordner, den Sie löschen möchten.
4. Klicken Sie auf **Geräte auswählen**.
5. Deaktivieren Sie das Kontrollkästchen neben dem Computer, den Sie verwenden, und klicken Sie dann auf **OK** (Bild 8.4).
6. Verwenden Sie Windows-Explorer zum Löschen des synchronisierten Ordners.
7. Wiederholen Sie diese Schritte für jeden Computer, auf dem Sie den synchronisierten Ordner löschen möchten.

So löschen Sie einen synchronisierten Ordner auf einem Mac

1. Öffnen Sie Windows Live Mesh für Mac, indem Sie im Finder auf das zugehörige Symbol doppelklicken.
2. Stellen Sie sicher, dass der synchronisierte Ordner, den Sie verschieben möchten, auf dem aktuellen Stand ist.
3. Klicken Sie auf den Ordner, den Sie löschen möchten.

4. Klicken Sie auf **Geräte auswählen**.
5. Deaktivieren Sie neben Ihrem Mac das Kontrollkästchen, und klicken Sie dann auf **OK**.
6. Verwenden Sie den Finder, um den synchronisierten Ordner zu löschen.
7. Wiederholen Sie diese Schritte für jeden Computer, auf dem Sie den synchronisierten Ordner löschen möchten.

Bild 8.6 Programmeinstellungen synchronisieren

Synchronisieren Ihrer Programmeinstellungen

Wenn Sie über zwei oder mehr Computer verfügen, auf denen Windows 7 oder Windows Vista ausgeführt wird, können Sie Mesh verwenden, um Programmeinstellungen zwischen den Computern zu synchronisieren. Das heißt, Sie können die Favoriten im Internet Explorer synchronisieren, und Sie können Ihre Formatvorlagen, Vorlagen, benutzerdefinierten Wörterbücher und E-Mail-Signaturen synchronisieren, wenn Microsoft Office installiert ist. Wenn Sie Ihre Programmeinstellungen zwischen zwei Computern synchronisieren, bleiben sie auf beiden Computern gleich. Änderungen, die Sie auf einem Computer vornehmen, werden auf dem anderen Computer übernommen.

1. Starten Sie Windows Live Mesh.
2. Klicken Sie bei den gewünschten Programmeinstellungen unter **Programmeinstellungen** auf **Synchronisierung aktivieren** (Bild 8.6).
3. Installieren Sie Windows Live Mesh auf jedem Computer, und aktivieren Sie auf allen Computern die Synchronisierung für die Programmeinstellungen, die synchronisiert werden sollen.

Herstellen einer Remote-Verbindung per Computer

Mit der Funktion **Remoteverbindung** von Live Mesh können Sie über das Internet von einem Computer auf einen anderen Rechner zugreifen und arbeiten. Sie können beispielsweise auf Ihrem Computer im Büro eine Verbindung mit Ihrem Computer zu Hause herstellen und so auf alle Ihre Programme und Dateien zugreifen. Ganz so, als säßen Sie zu Hause vor dem PC.

Bild 8.7 Die Remote-Funktionen aufrufen

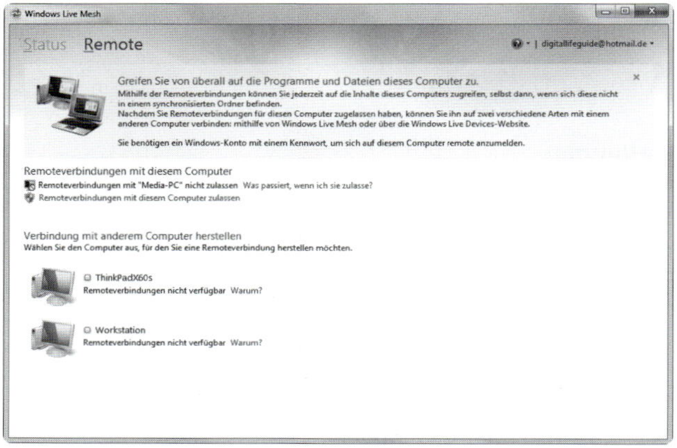

Bild 8.8 Remote-Verbindung mit einem Computer zulassen

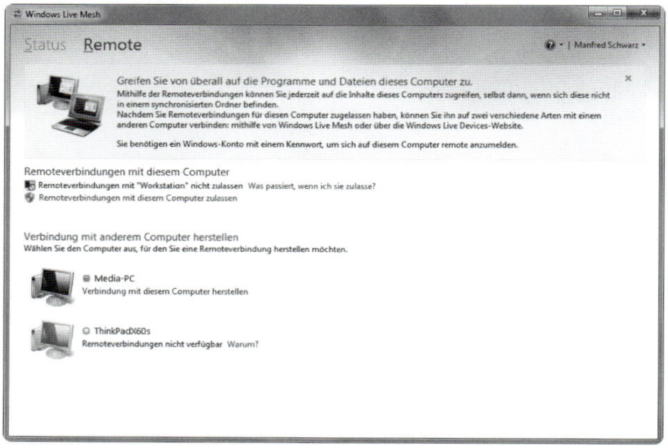

Bild 8.9 Verbindung mit einem Computer herstellen

Bevor Sie „remote“ via Internet eine Verbindung mit einem Computer herstellen können, müssen Sie jedoch in Windows Live Mesh Remote-Verbindungen mit dem Computer zulassen, und es muss sich bei beiden Computern um PCs unter Windows handeln.

In jedem Fall sind alle Remote-Verbindungen mit SSL (Secure Sockets Layer) verschlüsselt.

Sie können mit Windows Live Mesh keine Remote-Verbindung von oder zu einem Mac herstellen.

Windows Live Mesh muss auf dem Computer, mit dem Sie eine Verbindung herstellen möchten, nicht geöffnet sein. Der Computer muss nur eingeschaltet und mit dem Internet verbunden sein.

Wenn Remote-Verbindungen mit einem Computer zugelassen werden, kann jeder Benutzer eine Remote-Verbindung herstellen, der über ein Windows-Konto mit dem Kennwort des Computers verfügt. Zum Herstellen einer Remote-Verbindung müssen sich alle Benutzer mit ihrem Kennwort anmelden. (Zum Anzeigen der Liste von Windows-Konten auf einem PC drücken Sie die Tastenkombination **Strg**+**Alt**+**Entf**, und klicken Sie dann auf **Benutzer wechseln**.)

Wenn Sie eine Verbindung von einem Computer herstellen, auf dem Windows Live Mesh nicht installiert ist, rufen Sie über Mesh die Windows-Live-Devices-Website auf, und klicken Sie dann auf **Computer hinzufügen**, und folgen Sie dann den Anweisungen.

Genug der Vorüberlegungen. Wenn Sie Mesh auf zwei PCs installiert haben, können Sie Ihre ersten „Remote-Gehversuche“ machen:

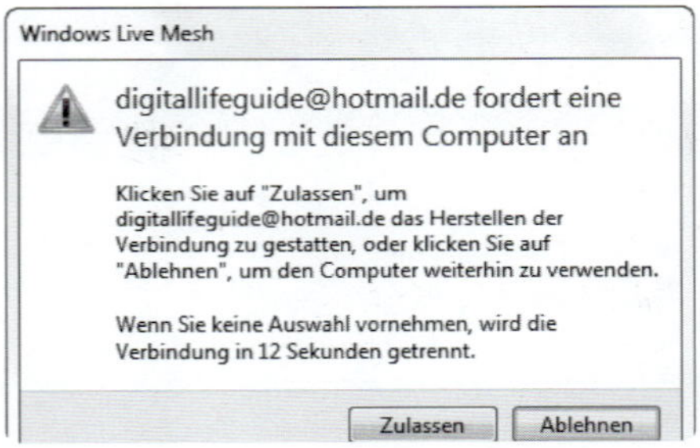

Bild 8.10 Den Zugriff erlauben

Bild 8.11 Anmelden am PC

1. Starten Sie Windows Live Mesh über das Startmenü und **Alle Programme** > **Windows Live** > **Windows Live Mesh**.
2. Klicken Sie auf **Remote** (Bild 8.7).
3. Klicken Sie auf **Remoteverbindung mit diesem Computer zulassen** (Bild 8.8), und bestätigen Sie den Hinweis zur Änderung der Benutzerkontensteuerung mit **Ja**.

Nun ist Mesh auf dem PC, auf den Sie von der Ferne aus zugreifen möchten, eingerichtet. Sie können Mesh auf diesem PC schließen. Starten Sie nun Live Mesh auf dem anderen PC, auf dem Remote-Verbindungen übrigens nicht zugelassen werden müssen.

4. Klicken Sie auf **Remote**, und klicken Sie dann auf **Verbindung mit diesem Computer herstellen** (Bild 8.9).
5. Nun kann der Benutzer des fernzuwartenden PCs Ihnen Zugriff darauf erlauben (Bild 8.10).
6. Oder Sie warten ein paar Sekunden und übernehmen dann selbst den Zugriff auf den Rechner – durch Eingabe des zugehörigen Kennworts. Klicken Sie auf den Pfeil neben dem Kennwort (Bild 8.11).
7. Der Desktop des ferngesteuerten PCs wird angezeigt (Bild 8.12). Um dessen Bildschirmanzeige zu ändern, klicken Sie oben im Fenster auf das Lupensymbol.

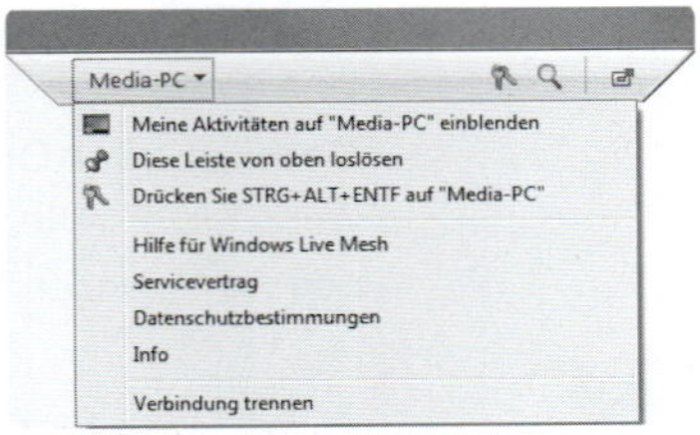

Bild 8.12 Einstellmöglichkeiten

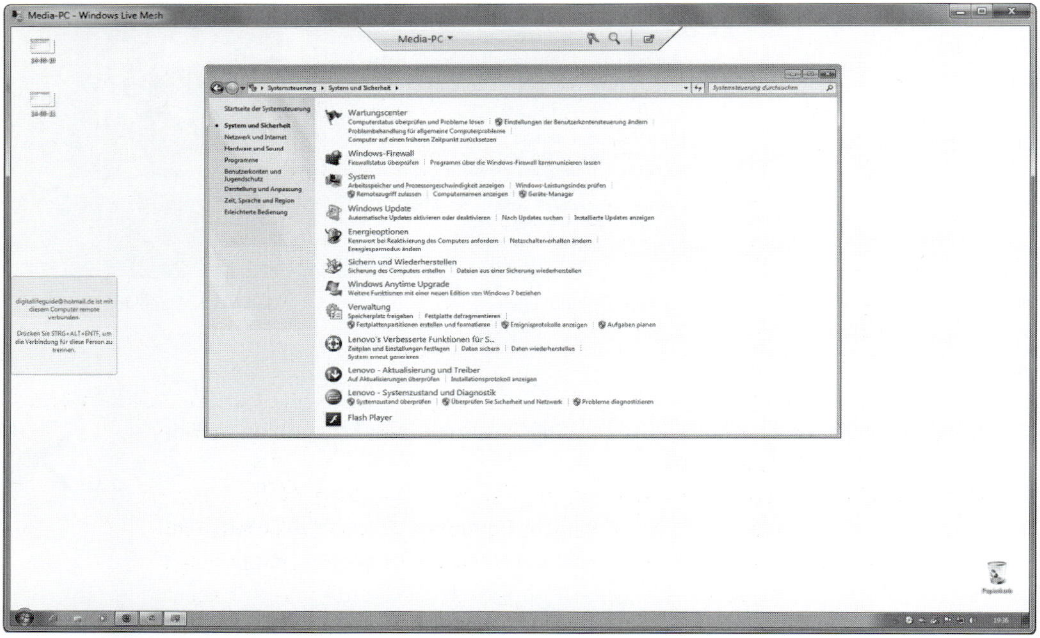

Bild 8.13 Der Blick auf den Desktop des via Mesh ferngesteuerten PCs

8. Um weitere Einstellmöglichkeiten aufzurufen, klicken Sie oben auf den Namen des ferngesteuerten PCs.
9. Nun haben Sie, sofern Sie als Administrator angemeldet sind, vollen Zugriff auf den PC, zum Beispiel auch auf die Systemsteuerung, in der Sie Änderungen vornehmen können, um etwa ein Programm wieder zum Laufen zu bringen (Bild 8.13).

Dateien oder Ordner zwischen Computern kopieren

Wenn Sie eine Remote-Verbindung mit einem anderen Computer hergestellt haben, können Sie zwischen den beiden Computern Dateien und Ordner kopieren und einfügen.

1. Klicken Sie mit der rechten Maustaste auf die Datei oder den Ordner, die bzw. den Sie kopieren möchten, und klicken Sie dann auf **Kopieren**.

2. Klicken Sie mit der rechten Maustaste auf den Speicherort auf dem anderen PC, etwa den Dektop, und klicken Sie auf **Einfügen** (Bild 8.14).

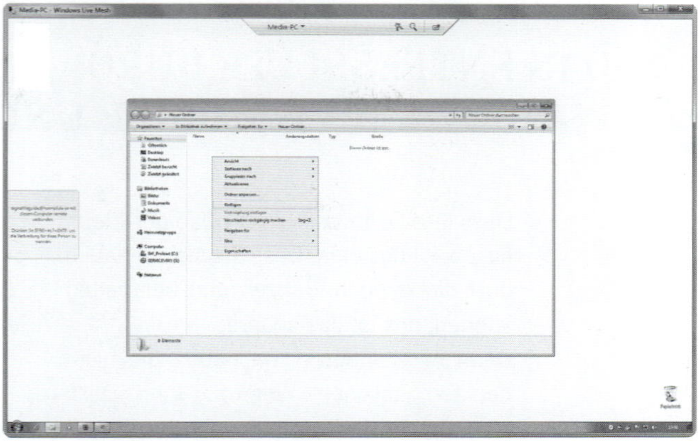

Bild 8.14 Eine Datei auf dem ferngewarteten PC einfügen

Die Verbindung lösen Sie über die oben beschriebenen Einstellmöglichkeiten und den Befehl **Verbindung trennen** (Bild 8.12). Bestätigen Sie abschließend die Trennung.

Ein mächtiges Werkzeug

Mit Windows Live Mesh haben Sie ein Werkzeug in Händen, das recht unspektakulär daherkommt, es aber in sich hat. Es ist ein mächtiges Programm, mit dem Sie ein heute bei vielen Anwendern ganz alltägliches Problem in den Griff bekommen: Identische Ordner auf mehreren Rechnern synchron zu halten. Und Mesh erlaubt Ihnen den Fernzugriff auf einen anderen Rechner. Aber Vorsicht: Mächtig bedeutet in diesem Zusammenhang eventuell den Vollzugriff auf den anderen Rechner inklusive der Möglichkeit, das System umzukonfigurieren – und zu beschädigen.

Lust auf noch mehr Möglichkeiten?

Im nächsten Kapitel lesen Sie unter anderem, wie Sie Ihre Office-Programme ins Web verlagern – mit den kostenlosen Office Web Apps und SkyDrive.

WEB TAGS

Mesh
SkyDrive
Windows Live Device
SSL
Synchronisierte Ordner
Synchronisieren
Mac
Remote-Verbindung
Programmeinstellung

9 DAS ENTFESSELTE BÜRO: WINDOWS LIVE MOBILE UND OFFICE WEB APPS

Office Web Apps

Dass Ihre Daten auf SkyDrive in der Cloud liegen, ist das eine. Dass Sie sie aber auch dort direkt online nutzen und bearbeiten können, das ist das andere.

Denn mit Windows Live haben Sie nicht nur den „üblichen“ Weg über Ihren Desktop-PC oder Ihr Noteboook für den Zugriff auf Ihre Cloud-Daten. Sie können zudem mobil über Ihr Smartphone und jeden Rechner mit Internet-Anbindung (Kapitel 2, 4 und 5) darauf zugreifen. Und Sie können von jedem PC aus, der über einen Internet-Zugang verfügt, Ihre auf SkyDrive abgelegten Office-Dokumente nutzen und bearbeiten – und dies sogar, ohne dass darauf das bekannte Office-Paket von Microsoft installiert sein muss.

Zuerst werfen wir einen Blick auf die mobilen Möglichkeiten von Windows Live.

Die mobilen Angebote von Windows Live

Mit **Windows Live for mobile** können Sie Ihr Smartphone zum PC machen. Ganz gleich, wo Sie gerade sind: Sie haben Zugang zu Windows Live (Bild 9.1)

Konkret heißt das: Sie können über Ihren Browser Ihre Freunde jederzeit und überall

URL

Das sind die Links zu den Mobile-Angeboten:

- www.windowslive.de/mobile/mobileportal.default.aspx
- www.windowslive.de/mobile/hotmail-mobile.aspx
- www.windowslive.de/mobile/messenger-mobile.aspx
- www.windowslive.de/messenger/messenger-tutorials.aspx
- www.windowslive.de/blog/post/2011/07/27/Neuer-Webmessenger-Mobil-komfortabler-chatten.aspx
- messenger.live.com
- www.microsoft.com/windowsphone/de-de/howto/wp7/basics/find-a-lost-phone.aspx
- office.microsoft.com/de-de/web-apps-help/
- www.windowslive.de/Office-Web-Apps/default.aspx

per E-Mail oder im Chat erreichen, Ihre Termine und Kontakte synchronisieren, Fotos auf SkyDrive hochladen und vieles mehr. Darüber hinaus können Sie Windows Live Hotmail auf Ihrem Handy oder Tablet-PC nutzen, damit Sie E-Mails, Termine und Kontakte immer und überall zur Hand haben (siehe Kapitel 3 und 4). Und mit Windows Live Messenger auf Ihrem Handy oder Tablet-PC, um jederzeit mit Ihren Freunden zu chatten, Fotos zu kommentieren oder Updates aus Ihren sozialen Netzwerken wie Facebook zu erhalten (siehe auch Kapitel 5).

SkyDrive

Wie einige dieser Möglichkeiten mit einem Windows 7 Phone-Smartphone aussehen, soll hier kurz vorgestellt werden.

Zugriff auf Windows Live über Ihren Handy-Browser

Hierfür brauchen Sie nichts weiter als eine Windows Live ID (siehe Kapitel 2).

1. Rufen Sie auf Ihrem Smartphone im Browser die URL **www.windowslive.de/mobile/mobileportal.default.aspx** auf (Bild 9.1).
2. Tippen Sie auf die **SkyDrive**-Schaltfläche (Bild 9.2).
3. Geben Sie Ihre Windows-Live-ID-Daten ein (Bild 9.3).

Bild 9.1 Windows Live ...

Bild 9.2 ... auf dem Smartphone

Bild 9.3 Anmelden

Bild 9.4 Zugriff auf SkyDrive

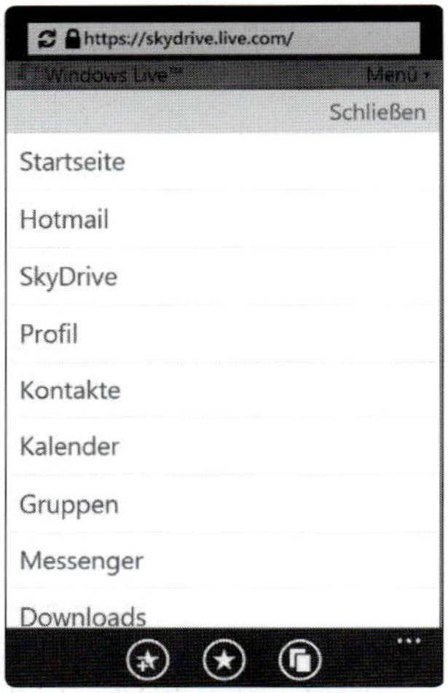

Bild 9.5 Alle Möglichkeiten

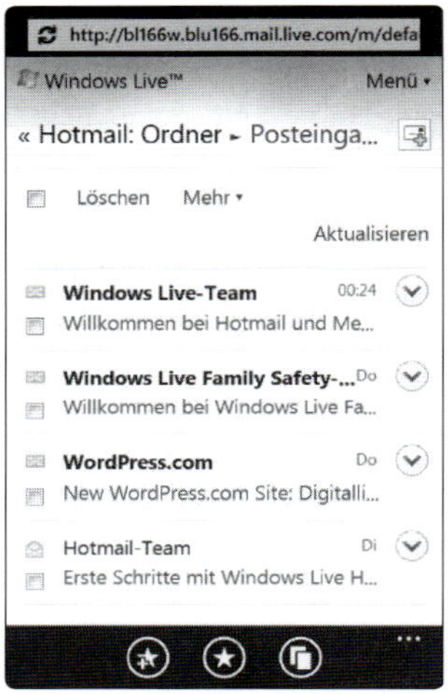

Bild 9.6 Der Posteingang

4. Sie gelangen zu Ihrem SkyDrive (Bild 9.4). Durch Tippen auf **Menü** kommen Sie zu allen Angeboten (Bild 9.5), wählen Sie zum Beispiel **Hotmail** aus.
5. Sie haben sofort Zugriff auf Ihre Mails (Bild 9.6).
6. Oder Sie wählen **Messenger** (Bild 9.5), sehen Ihre aktuellen Messenger-Meldungen (Bild 9.7) und können sofort chatten (Bild 9.8).

Noch besser können Sie Windows Live Hotmail und Messenger auf dem Smartphone nutzen, wenn Sie es direkt darauf einbinden. Das geht für die wichtigsten Plattformen (Bild 9.9). Beispielhaft schauen wir uns das unter Windows Phone 7 an.

Zusammenspiel von Windows Live und Smartphones

Mit Windows Live erweitern Sie Ihr Windows-Phone-7-Handy um viele kostenlose Funktionen. Sie können Fotos ansehen und tauschen, Daten sichern, ein verloren gegangenes Handy suchen, mit Freunden chatten, E-Mails lesen und schreiben und vieles mehr. Alles was Sie brauchen, ist eine kostenlose Windows Live ID (siehe Kapitel 1).
Binden Sie Ihr Windows Live-Konto ganz einfach in Ihrem Phone 7 ein. So werden all Ihre E-Mails sowie alle Ihre in Hotmail angelegten Ordner synchronisiert und in Ihrer

E-Mail-Anwendung angezeigt. Zudem werden alle in Hotmail gespeicherten Kontakte in Ihr Adressbuch eingebunden und ständig synchronisiert. Und auch Ihr Hotmail-Kalender mit Ihren Terminen wird direkt in die Kalender-App eingebunden. So verpassen Sie auch unterwegs keinen wichtigen Termin.

Unter der URL **www.windowslive.de/Mobile/hotmail-mobile.aspx** können Sie Windwos Live direkt einbinden. Klicken Sie dazu auf Ihr Smartphone-System (Bild 9.9), und folgen Sie den Anweisungen.

Bild 9.7 Mobil chatten ...

Bild 9.8 ... mit Messenger

Beispiel: Hotmail-Konto auf Windows Phone 7 einrichten

Um Ihr Hotmail-Konto auf einem Handy mit Windows Phone 7 einzurichten, benötigen Sie eine Internet-Verbindung. Zudem ist es notwendig, dass Ihre Kontakte bei Windows Live oder einem anderen Online-Dienst gespeichert sind. Nur so können Sie sie mit Ihrem Handy synchronisieren.

So richten Sie Ihr Windows Live Hotmail-Konto ein:

1. Sollten Sie das Handy zum ersten Mal einrichten, werden Sie aufgefordert, sich mit Ihrer Windows Live ID anzumelden.
2. Wenn dies nicht der Fall sein sollte oder wenn Sie mehrere Windows Live IDs besitzen, wechseln Sie auf Ihrem Smartphone von der Startseite nach rechts (**Anwendungen**) und tippen auf **Einstellungen**, die mit dem Zahnrad-Symbol gekennzeichnet sind.
3. Wählen Sie dann **E-Mail-Konten & andere**.
4. Tippen Sie auf **Konto hinzufügen** und dann auf **Windows Live**.
5. Geben Sie im Feld E-Mail-Adresse Ihre Windows Live ID ein und darunter das zugehörige Kennwort.
6. Wählen Sie **Anmelden**.

Bild 9.9 Hotmail auf ganz unterschiedlichen Plattformen mobil nutzen

Fokus: Wiederfinden eines verlorenen Windows-Phone-7-Handys

Es ist sehr ärgerlich, wenn Sie Ihr Handy nicht finden können – egal, ob es wirklich verloren gegangen ist oder nur zwischen Sofakissen „versteckt" liegt.

Mit dem kostenlosen Dienst **Mein Handy finden** verschaffen Sie sich schnell Zugriff auf Ihr Handy. Denn im Bereich **Mein Handy** unter **WindowsPhone.com** können Sie mit jedem an das Internet angeschlossenen PC Ihr Handy anrufen, sperren, löschen oder auf einer Karte anzeigen. **Mein Handy finden** macht es Ihnen so spürbar leichter, Ihr Handy wiederzufinden – oder zu verhindern, dass Unbefugte es ohne Ihre Erlaubnis verwenden.

Messenger für Smartphones

Der Messenger ist auch in Versionen für Windows-Phones, iPhone und weitere Smartphones verfügbar. Meist ist der Messenger schon auf den Mobiltelefonen vorinstalliert. Mehr hierzu erfahren Sie unter **www.windowslive.de/Mobile/messenger-mobile.aspx**. Oder Sie installieren ihn bei iPhones und Android-Handys über App-Store oder Android Market.

Den Messenger auf dem Handy nutzen

Mit den Smartphone-Versionen des Messengers können Sie Ihre Freundesliste einsehen und Neuigkeiten auf sozialen Netzwerken posten. Natürlich können Sie damit auch unterwegs mit Ihren Freunden in Windows Live, Flickr, MySpace, Facebook und vielen anderen Netzwerken chatten. Sollten Sie sich in einem Funkloch befinden, werden Sie von Messenger darüber benachrichtigt. Laden Sie direkt Fotos auf Ihrem kostenlosen Online Speicherplatz hoch, und lassen Sie Freunde Ihre Fotos kommentieren. Genauso

können Sie Fotos Ihrer Freunde sehen und kommentieren. Wie Sie Office-Dokumente auf Ihrem Smartphone betrachten und sogar bearbeiten können, lesen Sie am Ende dieses Kapitels.
Jetzt dreht sich erst einmal alles um das Nutzen des Messengers ganz ohne Programm – ob für Rechner oder Smartphone.

Bild 9.10 Webmessenger

Die Alternative: Windows Live Webmessenger

Sie können den Windows Live Messenger nämlich auch dann nutzen, wenn Sie weder an Ihrem eigenen PC sitzen noch an einem PC, an dem der Messenger installiert ist. Sie haben die Möglichkeit, den Messenger auch über einen Browser aufzurufen, sodass Sie von jedem Internet-fähigen PC aus mit Ihren Freunden chatten können.
Diese Option ist zum Beispiel dann sinnvoll, wenn Sie auf einem femden PC zwar chatten möchten, aber keinerlei Installation daran vornehmen möchten oder dürfen (wie etwa im Büro).
Es gibt zwei Möglichkeiten, den Webmessenger im Web aufzurufen. Der erste Weg führt über das Hotmail-Fenster:

1. Loggen Sie sich in Ihren Hotmail-Posteingang ein, und klicken Sie oben auf **Messenger** > **Bei Messenger anmelden**.
2. Anschließend sehen Sie hinter **Messenger** eine Zahl in Klammern. So viele Ihrer Kontakte sind gerade online.
3. Wenn Sie erneut auf **Messenger** klicken, sehen Sie, wer online ist, und können per Klick direkt Kontakt zu ihnen aufnehmen.

So können Sie ganz entspannt in jedem Browser mit Ihren Freunden via Messenger chatten (Bild 9.10).
Zweitens haben Sie die Möglichkeit, den Windows Live Webmessenger direkt aufzurufen, ohne Ihren Hotmail-Posteingang dafür zu nutzen. Navigieren Sie dazu mit Ihrem Browser auf **webmessenger.live.com,** und melden Sie sich mit Ihrer Windows Live ID an. Ihr Windows Live Webmessenger startet, und Sie können wie gewohnt mit Ihren Freunden chatten.

Office Web Apps im Überblick

Office Web Apps

Nach Anmeldung in Ihrem SkyDrive-Konto ist Ihnen vielleicht schon der Bereich **Erstellen** ins Auge gefallen. Dahinter – und unter dem Menüpunkt **SkyDrive** (Bild 9.11) verbergen sich die **Office Web Apps**. Dies ist eine abgespeckte Online-Version des verbreiteten Office-Software-Pakets mit der Textverarbeitung Word, der Tabellenkalkulation Excel, dem Präsentationsprogramm PowerPoint und dem Notiz-Programm OneNote. Sie können die Office Web Apps auch dann kostenlos nutzen, wenn Sie das „richtige" Office-Software-Paket gar nicht besitzen.

Die Web Apps sind gegenüber dem PC-Office-Paket zwar deutlich eingeschränkt, bieten sich aber dennoch an, um beispielsweise unterwegs Dokumente zu erstellen oder – nach gezielter Freigabe – im Team zu bearbeiten.

Standardmäßig werden Web-Apps-Dokumente auf Ihrem SkyDrive online gespeichert (siehe Kapitel 2). Sie können die online erstellten Dokumente jedoch auch drucken oder herunterladen und offline am PC weiter bearbeiten (das entsprechende PC-Office-Programm vorausgesetzt).

Sogar einen Versionsverlauf finden Sie hier, sodass Sie auf früher gespeicherte Versionen Ihrer Dokumente zugreifen können.

Die Office Web Apps gleichen in vielen Punkten den entsprechenden Anwendungen des Office-2010-Pakets. Sie bieten deshalb auch eine gute Möglichkeit, sich mit den Grundfunktionen dieser Programme vertraut zu machen, ohne dafür Software installieren zu müssen. Das sind die Vorteile der Web Apps im Überblick:

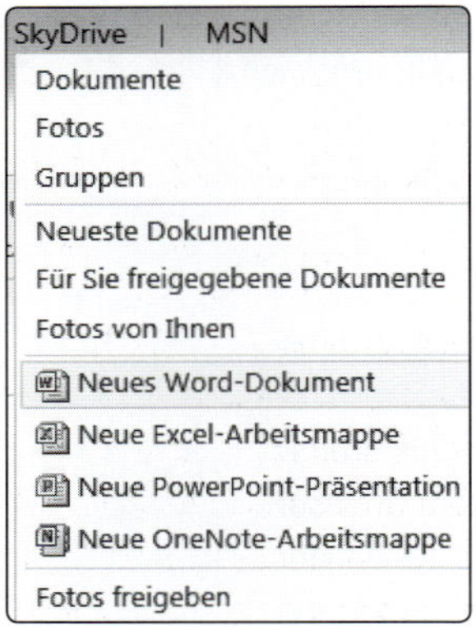

Bild 9.11 Office im Web

- Mit den kostenlosen Office Web Apps können Sie von jedem Computer mit Internet-Verbindung aus Ihre Word, Excel, PowerPoint und OneNote Dateien bearbeiten.
- Mit Office Web Apps können Sie gemeinsam mit Ihren Freunden oder Kollegen Dateien bearbeiten, ohne dass Microsoft Office auf einem Rechner installiert sein muss.
- Office Web Apps zeigen Ihre Dokument wie auf Ihrem Rechner. Einige Formatierungen und Effekte können allerdings nicht angezeigt werden, bleiben jedoch beim Speichern erhalten.
- Office Web Apps nutzen die vertraute Office-Benutzeroberfläche. Benötigen Sie zusätzliche Funktionen, öffnen Sie die Datei mit nur einem Mausklick mit dem zugehörigen Office-Programm auf Ihrem Rechner.

Office Web Apps können in den meisten üblichen Browsern genutzt werden. In jedem Fall klappt das mit Windows Internet Explorer 7 und höher, Safari 4 für Mac sowie Firefox ab 3.5 für Windows, Mac und Linux.

Nahtlose Zusammenarbeit mit Office

Wenn Sie Microsoft Office zum Erstellen von Dokumenten verwenden, können Sie diese Dokumente auch auf einem Server wie SkyDrive speichern.

Mit den Office Web Apps können Sie Ihre Dokumente nun auch im Browser anzeigen und bearbeiten. Sie sorgen so dafür, dass SkyDrive zu einem neuen Speichermedium für Ihre Office-Dokumente wird – mit Zugriff auf und die Freigabe Ihrer Dokumente. Sie haben jederzeit die Wahl, ein Office-Dokument im Browser oder auf dem PC zu öffnen.

Word-Dateien erstellen und direkt auf SkyDrive ablegen

Wenn Sie über Microsoft Office 2010 verfügen, können Sie Ihre Dokumente von Office aus direkt auf Ihr SkyDrive speichern. Wenn Sie noch nicht über Office 2010 verfügen, können Sie Office-Dokumente auf SkyDrive hochladen (siehe Kapitel 2).

VORSICHT

Wenn Sie sich von einem öffentlichen Computer aus anmelden, zum Beispiel in einem Café, empfiehlt sich die Verwendung eines „Einmalcodes“.
Das ist ein einmalig verwendbarer Code, den Sie statt Ihres Kennworts bei der Anmeldung mit Ihrer Windows Live ID eingeben.

Unabhängig davon, ob Sie über Office verfügen oder nicht, können Sie in Ihrem Browser Office-Dokumente auf SkyDrive erstellen. Zuerst schauen wir uns den Weg, der vom PC ausgeht, an:

1. Öffnen Sie mit Word, Excel oder PowerPoint ein vorhandenes Dokument, oder erstellen Sie ein entsprechendes neues Dokument.
2. Klicken Sie auf **Datei** und auf **Speichern und Senden** und dann auf **Im Web speichern** (Bild 9.12).

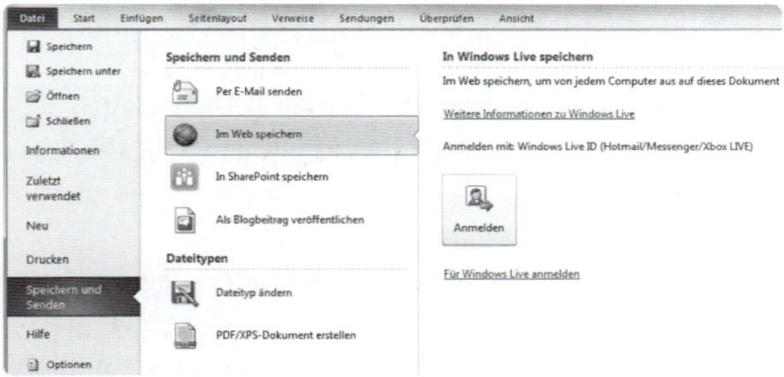

Bild 9.12 Vom Office-PC direkt im Web speichern

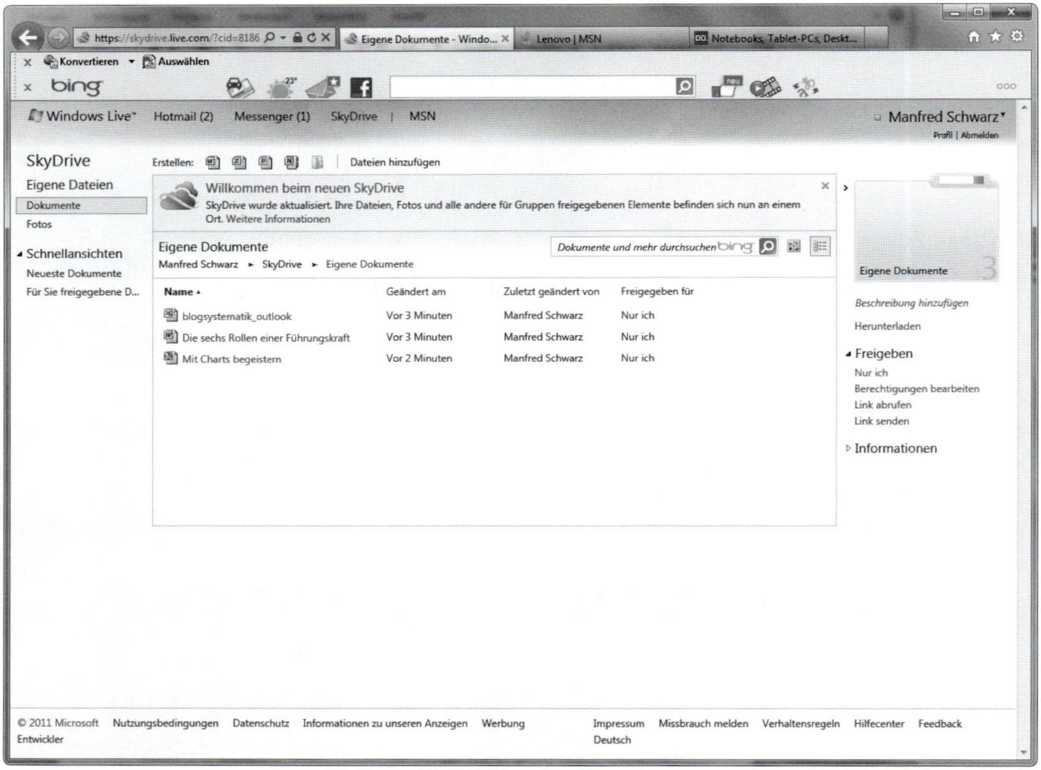

Bild 9.13 Zugriff in SkyDrive auf die eigenen Cloud-Dokumente

3. Klicken Sie auf **Anmelden**. Geben Sie Ihre Windows Live ID und Ihr Kennwort ein, und klicken Sie anschließend auf **OK**.
4. Wählen Sie auf SkyDrive den gewünschten Ordner aus, und klicken Sie auf **Speichern unter**.
5. Geben Sie anschließend einen Namen für die Datei ein, und klicken Sie auf **Speichern**.
6. Das Dokument wurde damit auf SkyDrive gespeichert.
7. Klicken Sie auf **Datei** und dann auf **Schließen**.

8. Wechseln Sie im Webbrowser zu **http://office.live.com** oder auf **www.windowslive.de** und dort auf **SkyDrive**, und loggen Sie sich ein.
9. Wählen Sie den Ordner aus, in dem Sie das Dokument gespeichert haben, und klicken Sie dann auf den Dateinamen (Bild 9.13). Das Dokument wird in der geeigneten Office Web App geöffnet (Bild 9.14).

Fokus: Office 2003 fit für das Web machen
Wenn Sie nicht Microsoft Office 2010 verwenden, sondern 2003 oder höher bzw. Office für Mac 2008, Version 12.2.9, oder Office für Mac 2011, sollten Sie das neueste Service Pack installieren (bei PCs zu erreichen über **Start** > **Alle Programme** > **Windows Update**). So stellen Sie eine optimale Kompatibilität sicher. Speichern Sie dann die Dokumente im Office-Open-XML-Dateiformat auf dem Computer ab, etwa als DOCX-, XLSX- oder PPTX-Datei.

Alternativ können Sie ein von SkyDrive unterstütztes Office-Dokument auch direkt im Browser anlegen. Die ist mit nur zwei Klicks und der Vergabe eines Dateinamens erledigt:

1. Klicken Sie auf SkyDrive neben **Erstellen** auf das Icon des gewünschten Dateiformats (im Beispiel eine Excel-Datei).
2. Geben Sie der Datei einen Namen, und klicken Sie auf **Speichern**.
3. Die Datei wird direkt angezeigt.

Wenn Sie eine Office-Datei, die auf Ihrem SkyDrive liegt, öffnen möchten, haben Sie die Wahl, sie im entsprechenden Desktop-Office-Programm (sofern installiert) oder im Browser zu öffnen. Klicken Sie dazu einfach auf die entsprechende Schaltfläche (das Beispiel zeigt die Optionen für Word).

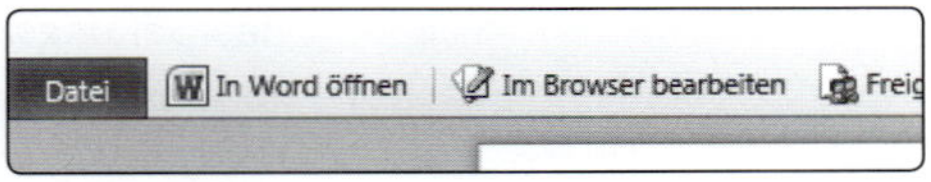

Wie gesagt, mit SkyDrive und Web Apps sind Sie unabhängig vom herkömmlichen Office-Software-Paket. Sie sind, wenn Sie per Smartphone auf Office-Dokumente in der Cloud zugreifen, sogar unabhängig vom PC (siehe Ende des Kapitels). Zuerst schauen wir uns an, welche Möglichkeiten beispielsweise das Arbeiten mit der Online-Textverarbeitung

Bild 9.14 Word-Dokument, das im Browser geöffnet wurde

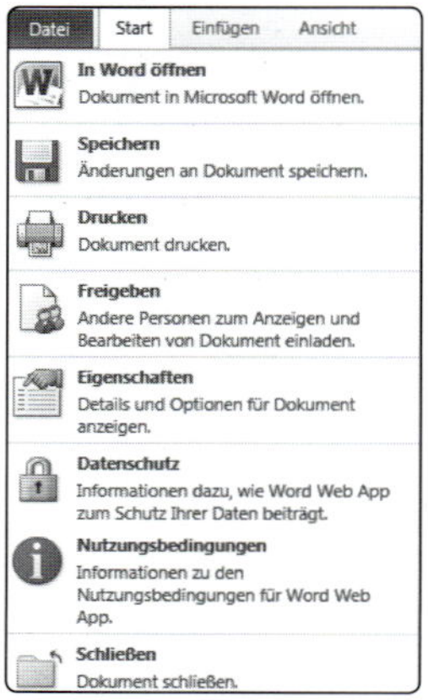

Bild 9.15 Datei-Optionen

bietet. Ein Word-Dokument wird, bevor Sie entscheiden, ob Sie es online oder offline öffnen, in der **Leseansicht** mit der vollen Wiedergabetreue angezeigt. Sie können dabei seitenweise in ihm blättern oder zu einer bestimmten Seite wechseln. Klicken Sie auf **Suchen**, um das Dokument zu durchsuchen. Die Suchergebnisse werden im Dokument hervorgehoben, und Sie können die Suchergebnisse nacheinander anzeigen.

Die Registerkarten und ihre Möglichkeiten

Nachdem Sie auf **Im Browser bearbeiten** geklickt haben, sehen Sie die **Bearbeitungsansicht** (9.14). Sie ist für das Hinzufügen und Formatieren von Text optimiert. Word Web App bietet das vertraute Erscheinungsbild und Verhalten von Microsoft Word:

Die Registerkarte Datei: Hierüber gelangen Sie zu den Optionen rund ums Speichern, Öffnen und Drucken (Bild 9.15). Außerdem haben Sie hier Zugriff auf die Informationen zum Datenschutz und den Freigabeoptionen. Falls Sie diese ändern möchten, müssen Sie das Dokument schließen, es in Ihrem SkyDrive erneut auswählen und dann (neben **Im Browser bearbeiten**)

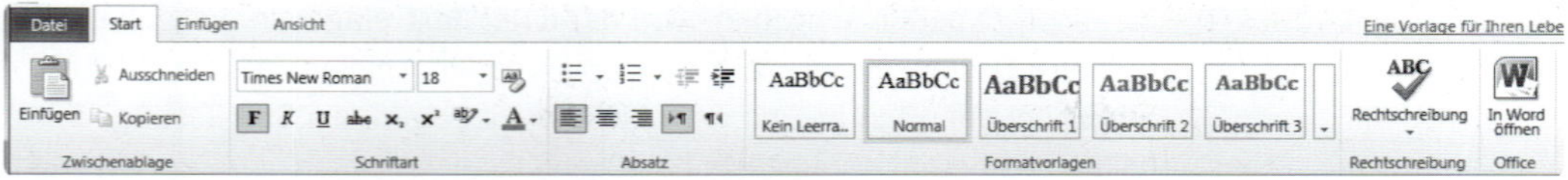

Bild 9.16 Die Registerkarte **Start** mit allen Einstellmöglichkeiten für den Text

auf **Freigeben** klicken. Nehmen Sie dann die gewünschten Einstellungen vor (siehe auch Kapitel 2).

Die Registerkarte Start: Hier finden Sie die Befehle zum Formatieren von Text (Bild 9.16). Sie können über die Zwischenablage zum Beispiel Textbausteine ausschneiden, kopieren und einfügen (**Einfügen**). Sie können unter anderem Schriftart (**Schriftname**), **Schriftgrad** und Formate wie **Fett, Kursiv, Unterstrichen, Durchgestrichen, Tiefgestellt, Hochgestellt** und **Schriftfarbe** markiertem Text direkt zuweisen. Außerdem können Sie Text hervorheben oder Formate löschen. Wenn es schneller, einheitlicher und professioneller gehen soll, können Sie im Bereich **Formatvorlagen** voreingestellte Vorlagen etwa für **Normal, Überschriften** oder **Hervorhebungen** auswählen. Sie erreichen die komplette Auswahl (Bild 9.17) durch Klick auf den Pfeil rechts im Abschnitt **Formatvorlagen**. Rechts neben den **Formatvorlagen** finden Sie die Schaltfläche zur **Rechtschreibprüfung** Ihres Dokuments. Sie können hier auch die Sprache für die Prüfung einrichten. Im Bereich **Absatz** schließlich haben Sie Zugriff auf Einstellmöglichkeiten für links-, rechtsbündigen und zentrierten Textlauf, den Wechsel der **Textrichtung Links nach Rechts** und umgekehrt, Einstellungen für den Texteinzug und Optionen für **Aufzählungszeichen** und **Nummerierungen**.

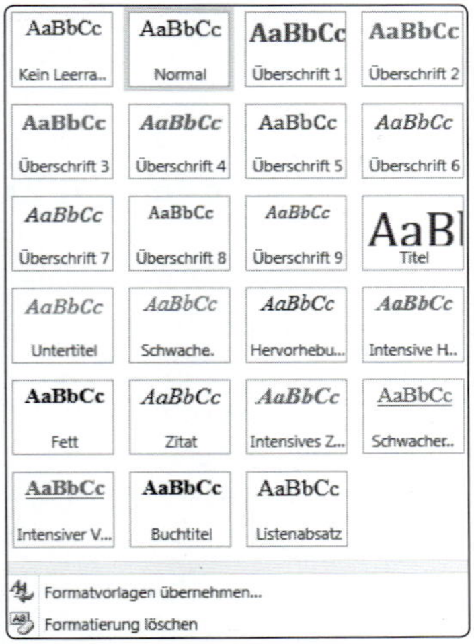

Bild 9.17 Formatvorlagen

Die Registerkarte Einfügen: Über diese Registerkarte können Sie Tabellen, Bilder, ClipArt-Objekte oder Hyperlinks hinzufügen (Bild 9.18). ClipArt-Objekte finden Sie zum Beispiel in einer umfangreichen Bildersammlung auf Office.com. Klicken Sie, um dorthin zu gelangen auf **ClipArt**, geben Sie Ihren Suchbegriff ein, und klicken Sie auf das Lupen-Symbol. Wenn Ihnen ein Bild gefällt, klicken Sie darauf und dann auf **Einfügen**. Wenn

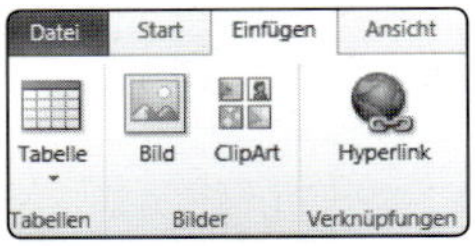

Bild 9.18 Einfügeoptionen

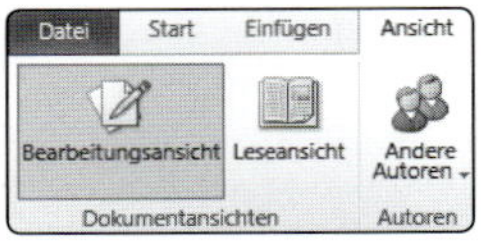

Bild 9.19 Ansichtoptionen

Sie einen Hyperlink eingeben, wird der unter **Text eingeben** eingetippte Text in Ihrem Dokument angezeigt und der Hyperlink „hinterlegt". Das heißt, Sie erreichen ihn, wenn Sie mit der Maus darauf zeigen, die **Strg**-Taste gedrückt halten und die linke Maustaste betätigen.

Die Registerkarte Ansicht: Damit wechseln Sie zurück zur Leseansicht, um die Auswirkungen Ihrer Änderungen anzuzeigen (Bild 9.19).

Sie haben damit in der Regel genug Möglichkeiten, um ansprechende Dokumente zu erstellen. Wenn Ihnen die Funktionen nicht genügen, können Sie immer noch auf Ihre Word-Installation auf dem PC wechseln.

Vom Browser aus drucken

Die Word Web App druckt Ihr Dokument so, wie es in der Leseansicht dargestellt wird. Zum Drucken eines Dokuments klicken Sie in der Leseansicht auf die Registerkarte **Datei** und dann auf **Drucken**. Zum Ausdrucken in Word Web App ist eventuell ein PDF-Viewer erforderlich. Wenn Sie noch keinen installiert haben, werden Sie dazu aufgefordert, ein entsprechendes Programm herunterzuladen.
Dieses Vorgehen beim Drucken gilt für alle Office-Dokumente, zum Beispiel auch für Excel-Tabellen.

Arbeiten mit Excel-Dokumenten

Das Erstellen, Öffnen und Speichern von Excel-Dokumenten auf SkyDrive erfolgt genauso wie bei Word – außer dass Sie unter **Erstellen** auf die Excel-Schaltfläche klicken.
In der Browser-Ansicht einer Arbeitsmappe (Bild 9.20) können Sie durch die Arbeitsmappe navigieren, PivotTables sortieren, filtern, ein- und ausblenden sowie die Arbeitsmappe neu berechnen.
Auch hier wieder ein Blick auf die Registerkarten (**Datei** ist im Prinzip wie bei Word aufgebaut):

Die Registerkarte Start: Sie verfügt über Befehle zum Kopieren, Ausschneiden und **Einfügen**, zum Ausrichten, Formatieren von Text und Zellen (**Schrift** und **Ausrichtung**) und

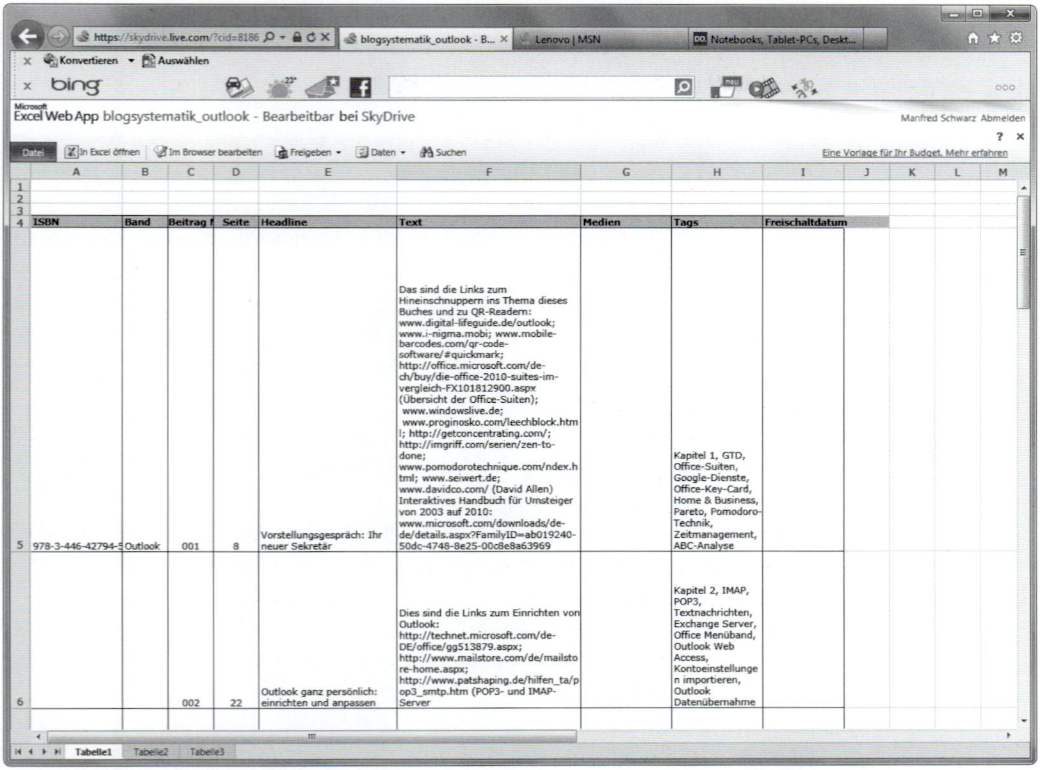

Bild 9.20 Ein im Browser geöffnetes Excel-Arbeitsblatt

Zahlenformaten, zum Hinzufügen von Zeilen und Spalten, zur Neuberechnung von Daten (**AutoSumme**) sowie zum Sortieren und Filtern.

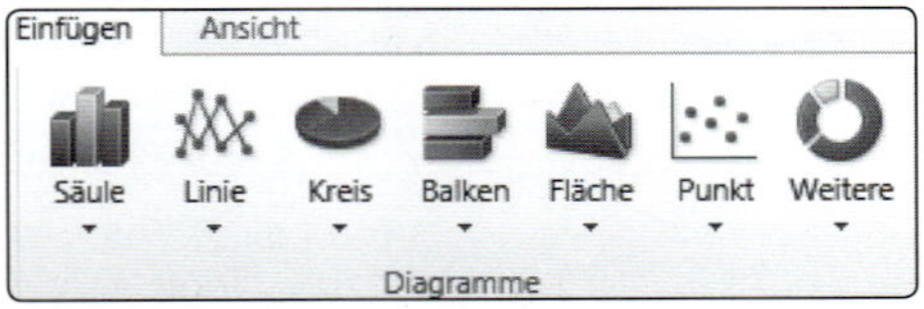

Die Registerkarte Einfügen: Hierüber können Sie Tabellen und Links zu den Arbeitsblättern hinzufügen. In Windows Live bietet die Excel Web App die Möglichkeit zum Einfügen von Funktionen (Bild 9.21) und Diagrammen.

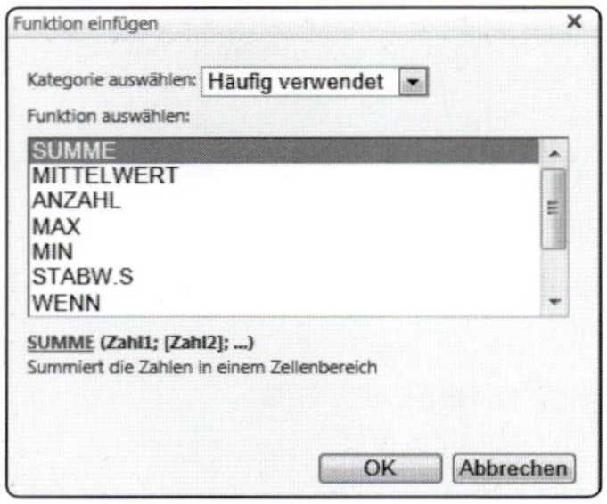

Bild 9.21 Funktionen nutzen

Ein Hinweis: Diese Funktion steht nicht zur Verfügung, wenn Sie (zum Beispiel in einem Unternehmen) die Excel Web App auf einer SharePoint-Website verwenden.

Die Registerkarte **Ansicht** ist wieder der von Word verwandt. Wenn Sie die Arbeitsmappe im Browser bearbeiten, können Sie Daten und Formeln eingeben, Tabellen erstellen und Formatierungen vornehmen.

Zur Eingabe von Formeln geben Sie das Gleichheitszeichen (=) und dann die Formel oder Funktion ein. Die Excel Web App speichert Ihre Arbeit automatisch. Und wenn andere Personen an der Arbeitsmappe arbeiten, können Sie in die untere rechte Ecke des Browserfensters klicken, um deren Namen anzuzeigen.

Arbeiten mit PowerPoint-Präsentationen

Microsoft PowerPoint ist ein Klassiker. Nun können Sie dessen Funktionen auch im Web nutzen. Die PowerPoint Web App bietet das vertraute Erscheinungsbild und den Funktionsumfang, das bzw. der Ihnen von PowerPoint vertraut ist (Bild 9.22).

Nach dem Erstellen eines neuen PowerPoint-Dokuments werden Sie gefragt, welches Design Sie für Ihre Präsentationsfolien verwenden möchten. Wählen Sie eines aus, und klicken Sie auf **Übernehmen**.

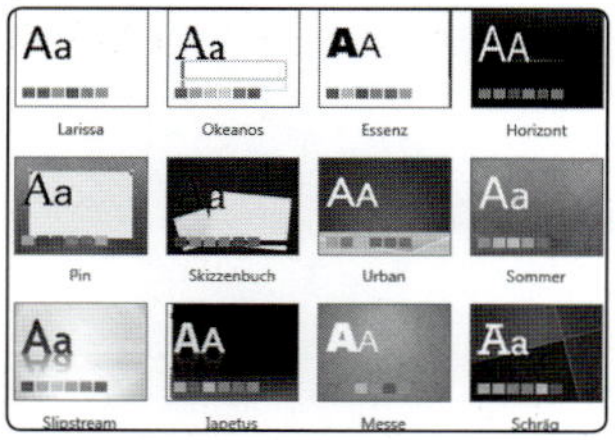

Die Registerkarte Start: Hier finden Sie die Befehle zum Formatieren von Text und Absätzen. Auf der Registerkarte **Start** können Sie zudem Folien hinzufügen, löschen, duplizieren und ausblenden und Inhalte aus der Zwischenablage einfügen. Die Schaltfläche **Design ändern** bietet Ihnen Zugriff auf vorgefertigte Folien-Designs.

Die Registerkarte Einfügen: Das ist die zentrale Anlaufstelle, um Bilder, ClipArt, SmartArt und Hyperlinks einzufügen. Sobald Sie eine neue Folie hinzufügen, die Platz für „Inhalt" bereithält und Sie darin auf das Symbol für SmartArt-Grafik klicken, wird die Registerkarte **SmartArt-Tools** geöffnet (Bild 9.23).

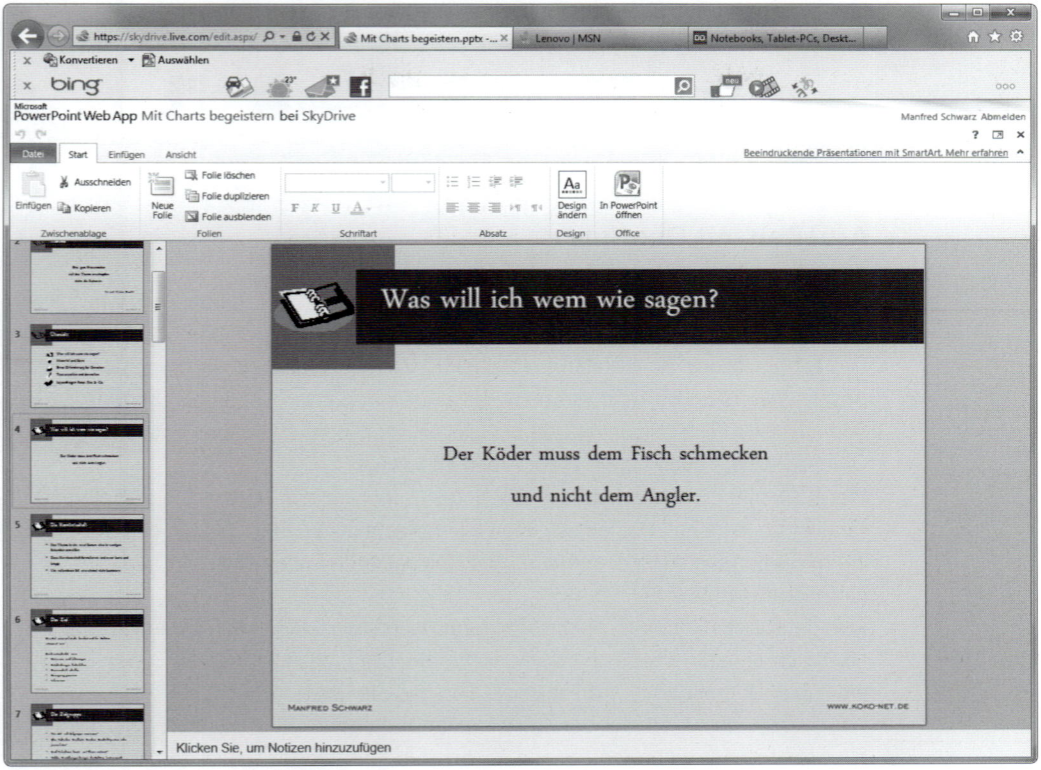

Bild 9.22 Eine PowerPoint-Präsentation direkt im Browser bearbeiten

Die Registerkarte Ansicht: Über diese Registerkarte erreichen Sie die Leseansicht. Diese können Sie nutzen, um Ihre Präsentation schrittweise durchzugehen und den Notizenbereich zu öffnen und zu schließen. Wenn Sie auf **Bildschirmpräsentation starten** klicken, wird Ihre Präsentation im Vollbild angezeigt – eine weitere Möglichkeit, Ihre Arbeit zu kontrollieren. Wenn Sie mit der Arbeit daran fertig sind und Ihren Computer an einen Projektor anschließen, können Sie in diesem Modus auch die Bildschirmpräsentation Ihrer Folien direkt starten.

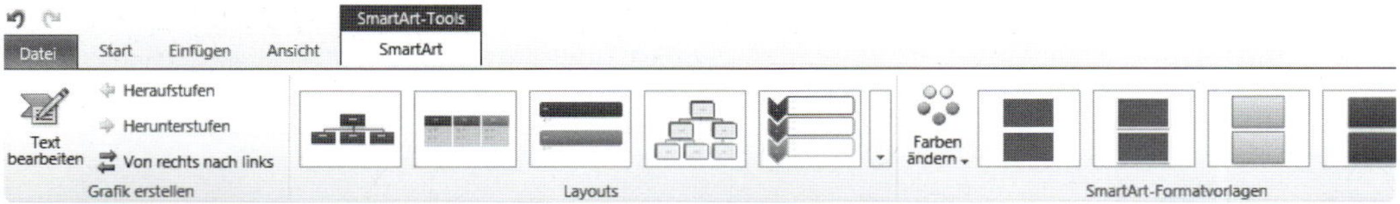

Bild 9.23 SmartArt-Layouts und -Formatvorlagen für Präsentationsfolien einrichten

Arbeiten mit OneNote

Abgerundet wird das Online-Office-Paket von Windows Live durch OneNote. OneNote ist ein Bestandteil aller Office-2010-Versionen und einiger Office-2007-Versionen. Die gebräuchliche Bezeichnung als „elektronisches Notizbuch" ist zwar richtig, doch bescheiden, denn es kann viel mehr als seine papierenen Vorläufer. OneNote ist eine Sammelstelle für fast jede Art von digitaler Information und darüber hinaus eine flexible Ordnungshilfe – auch für die Team-Arbeit im Internet.

Wenn Sie unter **Erstellen** auf das OneNote-Symbol klicken, werden Sie aufgefordert, Ihrem Notizbuch einen Namen zu geben, die Berechtigungen festzulegen und dies zu speichern. Geben Sie dann dem ersten Abschnitt einen Namen, wird das OneNote-Fenster eingeblendet (Bild 9.24).

Eine detaillierte Einführung in das Programm würde diesen Rahmen sprengen, und vieles lässt sich ohnehin am besten spielerisch entdecken, deshalb folgt an dieser Stelle nur ein kurzer Überblick zur „Arbeitsweise" von und mit OneNote.

Das wesentliche Merkmal der OneNote-Notizbücher ist ihre hierarchische, aber flexible Struktur. Auf mehreren Ebenen können Sie Ihre Informationen, Notizen und Daten organisieren. Sie können mehrere Notizbücher gleichzeitig verwalten und bearbeiten. Die geöffneten Notizbücher sehen Sie in der Navigationsleiste am linken Rand. In jedem Notizbuch lassen sich beliebig viele Abschnitte anlegen. Diese entsprechen den Registerkarten bzw. Reitern oben, direkt unter dem Menüband. Abschnitte lassen sich zu Abschnittsgruppen zusammenfassen. In jedem Abschnitt können Sie beliebig viele Seiten anlegen. Die Seitentitel sehen Sie im Seitenregister wahlweise links oder rechts der Seiten. Die Idee dahinter: Benutzen Sie OneNote einfach als digitalen

> **TIPP**
> Mehr zu OneNote und viele Tipps rund ums Organisieren von Terminen, Kontakten und Aufgaben finden Sie im DIGITAL*lifeguide* „Organisiert".

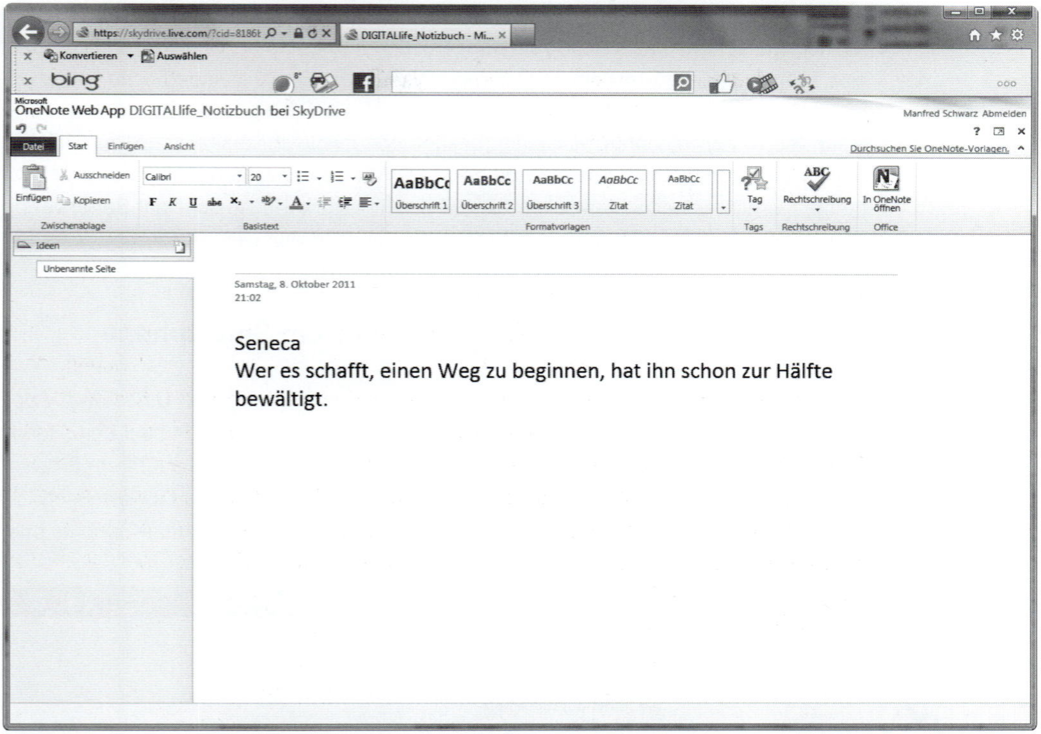

Bild 9.24 Das elektronische Notizbuch OneNote

Zettelkasten. Nehmen Sie alles darin auf, was Sie zu Ihren Themen finden – Ideen, Zitate oder zum Beispiel auch Tabellen, Bilder, ClipArt und Hyperlinks (siehe Registerkarte **Einfügen**).

OneNote ist aber auch Team-fähig, etwa für ein gemeinsames Brainstorming. Solch eine Ideenfindung verliert jedoch an Dynamik, wenn Sie warten müssen, bis Sie an der Reihe sind oder eine Person ihre Bearbeitung des Notizbuchs abgeschlossen hat, bevor Sie Ihre Ideen einbringen können. Mit der OneNote Web App können Sie Ihre Notizen hinzufügen, während andere Personen im Notizbuch arbeiten, sogar dann, wenn andere Personen das Notizbuch in der OneNote-Desktop-Anwendung geöffnet haben.

Fahren Sie einfach fort, und nehmen Sie Ihre Änderungen vor. In der OneNote Web App können Sie sehen, wer welche Änderungen vorgenommen hat. Und Sie können sogar eine frühere Version von Seiten wiederherstellen, wenn jemand Änderungen vorgenommen hat, die Sie so nicht möchten.

Wenn Sie wissen möchten, wer einen bestimmten Inhaltsabschnitt erstellt hat, klicken Sie auf die Registerkarte **Ansicht** und dann auf **Autoren anzeigen**. Zur Anzeige der vorherigen Version einer Seite klicken Sie auf der Registerkarte **Ansicht** auf **Seitenversionen** und dann auf den Zeitstempel der Version, die angezeigt werden soll.

Verwenden der Office Web Apps auf Ihrem Smartphone

Damit sind wir fast am Ende des Rundgangs zum Arbeiten mit den Office Web Apps angelangt. Was fehlt, ist der angekündigte Blick auf deren Verwendung auf dem Handy. Mit den **Mobile Viewers für Microsoft Office** (Bild 9.25) können Sie auf Ihrem Browser-fähigen Handy PowerPoint- und Microsoft Word-Dateien in Windows Live anzeigen. So bleiben Sie auch unterwegs auf dem Laufenden und informieren sich über Berichte oder

Bild 9.25 Office Web Apps ...

Bild 9.26 ... auf dem Smartphone

Bild 9.27 Word Mobile

überprüfen eine wichtige Präsentation. Das ist auch möglich, wenn auf Ihrem Handy Microsoft Office Mobile 2010 nicht installiert ist.

Zum Anzeigen von Word- oder PowerPoint-Dateien öffnen Sie mit Ihrem Handy-Browser Ihre Windows-Live-SkyDrive-Website. Die Web-Adresse für den Browser des Mobiltelefons ist dieselbe wie die, die in der Adressleiste Ihres Desktop-Browsers angezeigt wird. Standardmäßig zeigt **Mobile Viewer für Word** das Dokument in der **Textansicht** an (Bild 9.26). Wechseln Sie zur **Bildansicht**, wenn Sie Grafiken und Bilder sehen möchten. Mit der **Navigationsleiste** oben im Bildschirm blättern Sie durch das Dokument. In diesem Menü stehen die Befehle **Suchen** und **Gehe zu Seite** zur Verfügung, mit denen Sie zu gezielt zu Inhalten springen können. Alternativ können Sie visuell durch das Dokument navigieren, indem Sie auf **Miniaturansichtenindex** klicken.

Der **Mobile Viewer für Microsoft Excel** zeigt im Kleinformat Spalten und Zeilen, und bietet eine Funktion, mit der Sie nach der gewünschten Information suchen können.

Mit dem **Mobile Viewer für Microsoft PowerPoint** können Sie sogar unterwegs mit dem Smartphone an einer Präsenation teilnehmen, wenn Sie es zum Beispiel wegen eines verpassten Anschlusszuges nicht mehr zur Besprechung geschafft haben.

Wenn nun der Referent in Microsoft PowerPoint 2010 über die Funktion **Bildschirmpräsentation übertragen** „freigibt“ und Ihnen eine entsprechende E-Mail-Nachricht mit dem Link zur Präsentationsübertragung an Ihr Handy schickt, können Sie hierüber – unterwegs – doch noch an der Präsentation in Echtzeit teilnehmen.

Noch mehr Möglichkeiten

Windows Live eröffnet Ihnen viele Möglichkeiten, Office-Dokumente auch auf dem Smartphone zu nutzen. Selbst ältere Geräte mit Windows Mobile 6.5 können die 2010-Versionen von Word (Bild 9.27), Excel, PowerPoint, OneNote und SharePoint nutzen. Probieren Sie sie einmal aus, und entscheiden Sie dann, was für Sie auf dem kleinen Display sinnvoll und nützlich ist.

Damit sind wir am Ende des „Web-und-Office“-Rundgangs angelangt. Im abschließenen Kapitel lernen Sie weitere Windows-Live-Essentials kennen. Bitte umblättern.

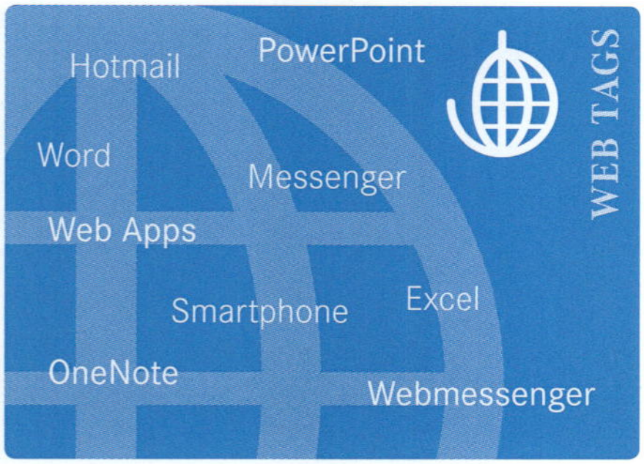

10 DA GEHT NOCH MEHR: FAMILY SAFETY, WRITER & WINDOWS LIVE GRUPPEN

In den vorangegangenen neun Kapiteln haben Sie viele Möglichkeiten kennengelernt, die Ihnen Windows Live mit Programmen und Web-Angeboten bietet.

Zum Abschluss lernen Sie jetzt zwei Programme, die Sie bereits bei den Essentials in Kapitel 1 installiert haben: **Windows Live Family Safety** und **Windows Live Writer**. Danch wenden wir uns den Windows Live Gruppen zu.

Family Safety ist ideal für Eltern, die sich um den Schutz ihrer Kinder bei deren PC- und Online-Aktivitäten sorgen. Mit Family Safety überwachen Sie zum Beispiel mittels Protokollen die Aktivitäten Ihrer Kinder am PC und im Web. Family Safety unterstützt Sie dabei, alles im Auge zu behalten.

Mit Windows Live Writer können Sie im Handumdrehen Blog-Beiträge wie ein Profi erstellen und sehen, wie diese in der Online-Version aussehen, bevor Sie sie in Ihrem Blog veröffentlichen.

Schließlich lernen Sie am Ende des Kapitels die Möglichkeit der „Gruppenarbeit“ via Windows Live kennen.

Windows Live Family Safety

Mit Windows Live Family Safety (Bild 10.1) können Sie zum Schutz Ihrer Kinder beitragen, wenn diese am PC arbeiten, spielen und im Web surfen. So können Sie beispielsweise Websites einschränken, die

URL

Das sind die Links zu Windows Family Safety, Live Writer & Co.:

- http://www.microsofttranslator.com/Default.aspx
- http://www.kinder-messenger.de/index.aspx
- http://www.windowslive.de/Gruppen ▪ www.digital-lifeguide.de
- http://windowslivehelp.com/solutions.aspx?productid=4
- http://www.windowslive.de/Blog/category/Windows-Live-Writer.aspx
- http://www.kinder-messenger.de/index.aspx
- http://www.kinder-messenger.de/Eltern/Index.aspx
- http://www.windowslive.de/Gruppen ▪ http://de.msn.com

Ihre Kinder anzeigen können. Genauso haben Sie die Möglichkeit, die Personen zu beschränken, die Ihre Kinder via Windows Live Messenger und Windows Live Hotmail kontaktieren können.

> **VORSICHT**
> Die Family-Safety-Software muss auf jedem von Ihren Kindern verwendeten Computer installiert werden. Wenn die Software nicht installiert wurde, können die Sicherheitseinstellungen nicht durchgesetzt werden.

Außerdem können Sie die Zeit, die die Kinder am PC verbringen, die Spiele, die sie spielen, sowie die Programme, die sie verwenden, einschränken.

So verfügen Sie jederzeit über Steuerungsmöglichkeiten für die PC- und Online-Aktivitäten Ihrer Kinder, ohne ihnen über die Schulter blicken zu müssen.

Family Safety besteht aus zwei ineinandergreifenden Teilen, mit denen Sie Regeln für Ihre Familie erstellen, verwalten und durchsetzen können:

- Das kostenlose Programm **Family Safety-Filter** installieren Sie auf den von Ihren Kindern verwendeten Computern. Er wird zusammen mit den Essentials (Kapitel 1) bereitgestellt. Mit dem Programm verfolgen und blockieren Sie den Web-Zugriff und bestimmte andere Online-Aktivitäten.
- Auf der **Family Safety-Website** passen Sie die Einstellungen für die einzelnen Familienmitglieder an, zeigen Aktivitätsberichte an und reagieren auf Anforderungen.

Mit Family Safety wird der standardmäßige **Windows-Jugendschutz** (zu erreichen über die **Systemsteuerung**) um Möglichkeit zur Fernverwaltung erweitert, mit der Sie die Berechtigungen Ihrer Kinder online ändern können. Damit können Sie Berichte zu Sitzungen und Website-Besuchen Ihrer Kinder direkt über die Family Safety-Website abrufen – ohne sich am PC Ihres Kindes anzumelden.

Bei der Installation auf mehreren PCs in einem Haushalt werden von Family Safety für

Bild 10.1 Bei Family Safety anmelden

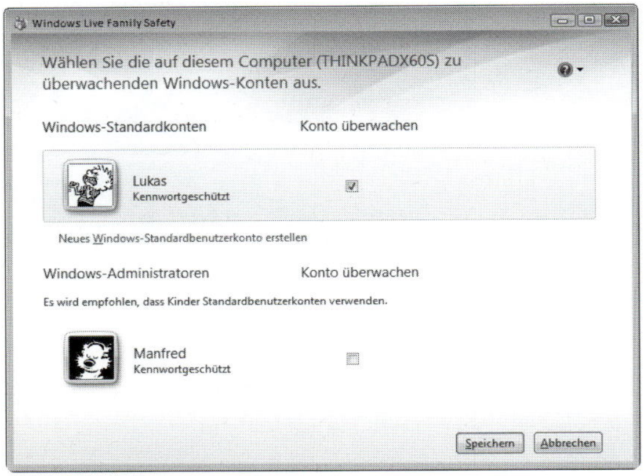

Bild 10.2 Konto für die Überwachung einrichten

alle PCs dieselben Einstellungen erzwungen und die einzelnen Berichte in nur einem Protokoll zusammengeführt.

Das Einrichten

Wenn Sie bereits über Windows-Konten für Ihre Kinder verfügen, ist schon fast alles getan. Windows Live IDs sind für Kinder nicht erforderlich. Führen Sie zunächst einige einfache Schritte aus, und legen Sie anschließend für jedes Kind die Einstellungen für den Web-Zugang fest.

Wenn Sie Family Safety verwenden, muss jede Person Ihrer Familie über ein eigenes Windows-Konto verfügen. Auf diese Weise können jeder Person Ihrer Familie eigene Family-Safety-Einstellungen zugewiesen werden. Sie können so für jedes Kind unterschiedliche Web-Filter-Einstellungen festlegen, die Online-Kontakte jedes Kinds einzeln verwalten und Berichte zu den Online-Aktivitäten jedes Kindes abrufen.

1. Starten Sie das Programm über **Start** > **Alle Programme** > **Windows Live** > **Windows Live Family Safety** (oder über das Icon des Programms im Benachrichtigungsfeld (Tray)).
2. Geben Sie nötigenfalls Ihr Administratorkennwort ein.
3. Geben Sie Ihre Windows-Live-Login-Daten ein, und klicken Sie auf **Anmelden** (Bild 10.1).
4. Wählen Sie das Konto aus, das überwacht werden soll, und klicken Sie auf **Weiter** (Bild 10.2).
5. Schließen Sie das Fenster, das die angemeldeten Konten anzeigt, durch Klick auf **Schließen**.
6. Die Einrichtung dauert ein wenig. Danach sehen Sie das Fenster (Bild 10.3), auf dem Sie durch Klick auf **familysafety.live.com** zur Family Safety-Website wechseln.
7. Melden Sie sich mit Ihrer Windows Live ID an.
8. Durch Klick auf **Schließen** verlassen Sie das Setup.

9. Zudem können Sie Windows Live Family Safety schließen.

Bild 10.3 Zur Website von Family Safety wechseln

Auf der Family Safety-Website haben Sie den Überblick und alle Möglichkeiten der Steuerung (Bild 10.4). Mithilfe von Aktivitätsberichten können Sie die Online-Aktivitäten Ihrer Kinder leicht überprüfen und ihnen zeigen, wie sie das Internet verantwortungsbewusst verwenden. Eltern, die umfassendere Steuerungsmöglichkeiten wünschen, können mit Family Safety ungeeignete Inhalte blockieren und die Internet-Nutzung für ihre Kinder sogar auf altersgemäße Websites einschränken. Darüber hinaus können Sie Mail- und Instant-Messaging-Zugriffe auf genehmigte Kontakte in Windows Live Hotmail und Windows Live Messenger begrenzen.

So wissen Sie immer, wo sich Ihre Kinder im Netz aufhalten und mit wem sie online Kontakt haben.

Beispiel Websites blockieren

Wenn Sie verhindern möchten, dass Ihr Kind bestimmte Websites besucht oder online chattet, rufen Sie die Family Safety-Website auf, und wählen Sie eine geeignete Filterstufe für Ihr Kind aus.

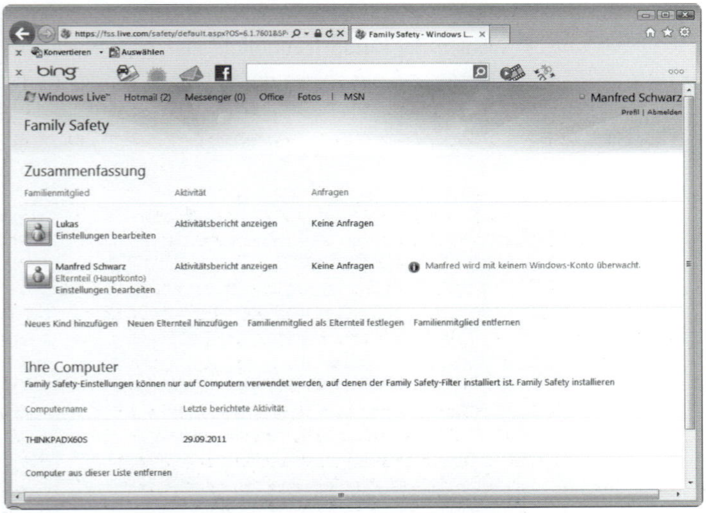

Bild 10.4 Im Web den Überblick über heimische PCs behalten

TIPP

Viele weiterführende Tipps rund um den Umgang von Kindern mit PC und Games stehen im DIGITAL*lifeguide*-Band „Games". Im DIGITAL*lifeguide*-Blog (**www.digital-lifeguide.de/category/games**) zum Games-Band finden Sie dazu nützliche Links.

1. Wechseln Sie auf einem Computer zur Family-Safety-Website, und melden Sie sich mit der Windows Live ID eines Elternteils oder einer Aufsichtsperson an.
2. Klicken Sie unter dem Namen des Kindes, für das Sie die Web-Filterung festlegen möchten, auf **Einstellungen bearbeiten** (Bild 10.4).
3. Klicken Sie auf **Webfilterung** (Bild 10.5).
4. Wählen Sie **Webfilterung aktivieren** aus, und verschieben Sie dann den Schieberegler, um eine Filterstufe auszuwählen (Bild 10.6).

Die Einstellungen reichen von den restriktivsten am oberen Ende bis zu den am wenigsten restriktiven am unteren Ende:

- Wählen Sie **Nur Liste „Zulassen"** aus, um nur Zugriff auf Websites zuzulassen, die ein Elternteil der Liste **Zulassen** hinzugefügt hat. So blockieren Sie Websites mit nicht jugendfreien Inhalten sowie Websites für soziale Netzwerke, Internet-Chats und Internet-E-Mail.
- Wählen Sie **Kinderfreundlich** aus, um Websites mit nicht jugendfreiem Inhalt zu blockieren und nur solche der Kategorie **Kinderfreundlich** zuzulassen.
- Wählen Sie **Allgemeines Interesse** aus, um den Zugriff auf Websites auf der Liste **Zulassen** sowie auf Websites der Kategorien **Kinderfreundlich** und **Allgemeines Interesse** zuzulassen. Websites von allgemeinem Interesse gehören keinen anderen Kategorien an, zum Beispiel „Soziale Netzwerke" oder „Nicht jugendfreie Inhalte". Die üblichen Suchmaschinen (aber nicht immer deren Ergebnislisten)

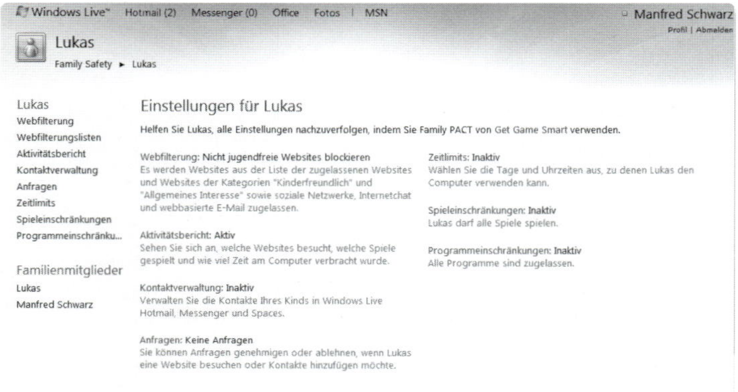

Bild 10.5 Für jedes Kind individuelle Einstellungen vornehmen

gehören zu den Websites von allgemeinem Interesse. Mit dieser Einstellung werden Websites mit Inhalten für Erwachsene sowie Websites für soziale Netzwerke, Chats und Internet-E-Mail blockiert.

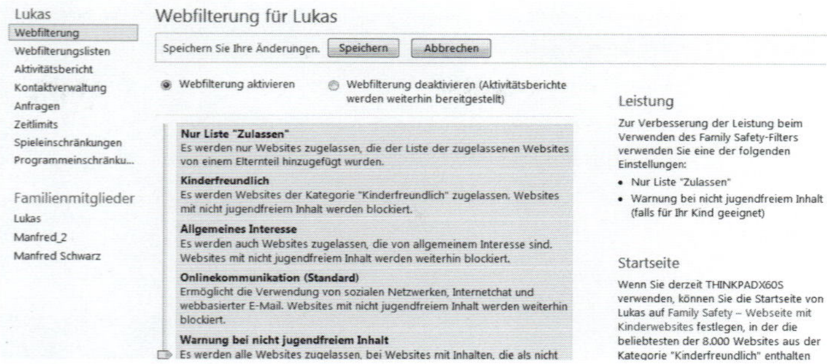

Bild 10.6 Die Web-Filterung altersgerecht einrichten

- Wählen Sie **Onlinekommunikation (Standard)** aus, um den Zugriff auf Websites auf der Liste **Zulassen,** Websites der Kategorien **Kinderfreundlich, Allgemeines Interesse** sowie soziale Netzwerke, Internetchats und Internet-E-Mail zuzulassen. Mit dieser Einstellung werden nicht jugendfreie Websites blockiert.
- Wählen Sie **Warnung bei nicht jugendfreiem Inhalt** aus, um den Zugriff auf alle Websites zuzulassen, jedoch vor dem Zugriff auf möglicherweise nicht jugendfreie Websites eine Warnung anzuzeigen. Websites in der Liste **Blockieren** werden weiterhin blockiert.

5. Wählen Sie die gewünschte Web-Filterung aus, und klicken Sie auf **Speichern.**
6. Über den Eintrag **Webfilterungslisten** haben Sie Zugriff auf Ihre Vorgaben.

Beispiel Zeitlimits einrichten

Sie können via Family Safety auch für jedes einzelne Kind Zeit-Limits einstellen. So können Sie vorgeben, wann es wie lange PC und Web nutzen darf.

1. Klicken Sie auf der Seite **Zusammenfassung** (Bild 10. 4) beim Konto, das Sie bearbeiten möchten, auf **Einstellungen bearbeiten.**
2. Klicken Sie auf **Zeitlimits.** und auf das Kontrollkästchen **Zeitlimits aktivieren.**
3. Wählen Sie im eingeblendeten Wochenplan (Bild 10.7) durch Klick in einzelne Felder oder durch Ziehen mit der Maus bei gedrückt gehaltener linker Maustaste mehrere Felder als blockierte Zeiten aus.
4. Klicken Sie auf **Speichern.**

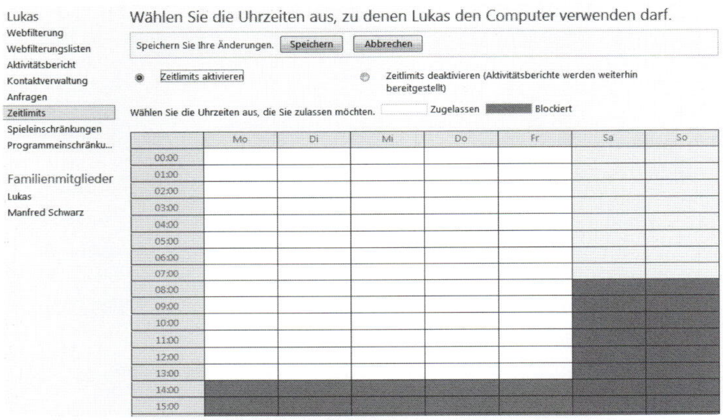

Bild 10.7 Spieleinschränkungen gezielt einrichten

Beispiel Spieleinschränkungen

Dies sind zwei Beispiele, wie Sie gezielt und individuell den Umgang Ihrer Kinder mit PC und Web steuern können.
Mithilfe von Aktivitätsberichten können Sie die Online-Aktivitäten Ihrer Kinder leicht überprüfen und ihnen zeigen, wie sie das Internet verantwortungsbewusst nutzen.
Mit der Family-Safety-Website können Sie aber auch steuern, welche Spiele Ihre Kinder spielen dürfen. Mit den Spielbeschränkungen ersparen Sie sich – vielleicht – die eine oder andere alltägliche Diskussion, welche Spiele für welches Kind wann erlaubt sind. Sie legen es einfach vorab zentral fest:

1. Wechseln Sie auf einem Computer zur Family-Safety-Website (Bild 10.4).
2. Klicken Sie unter dem Namen des Kindes, für das Sie die Web-Filterung festlegen möchten, auf **Einstellungen bearbeiten** (Bild 10.7), und klicken Sie auf **Spieleinschränkungen**.
3. Aktivieren Sie das Kontrollkästchen **Spieleinschränkung aktivieren**.
4. Wählen Sie die Spielbewertungsstufe aus (Bild 10.8). Sie entspricht dem Bewertungssystem der Unterhaltungssoftware Selbstkontrolle (USK).
5. Sie können aber über **Anderes Spielbewertungssystem verwende**n auch andere Standards für die Einstellung nutzen.
6. Über **Bestimmte Spiele blockieren oder zulassen** können Sie den Zugriff steuern.
7. Klicken Sie auf **Speichern**, um die Einstellungen zu übernehmen.

Windows Live Family Safety bietet Ihnen viele Möglichkeiten, den Zugriff Ihrer Kinder auf Web und PC zu regeln und zu reglementieren. Das kann persönliche Gespräche mit den Kindern nicht ersetzen.

Der Windows Live Messenger für Kids

Wenn es um das Chatten geht, hat Microsoft für Kinder sogar ein eigenes Angebot entwickelt. Unter **www.kinder-messenger.de/index.aspx** können Sie den **Windows Live Messenger für Kids** herunterladen (Bild 10.9). Er wurde speziell für 8- bis 12-Jährige konzipiert.

Kinder können dabei nur mit Kontakten aus ihrer Freundesliste chatten, die zuvor von Ihnen freigegeben worden sind.

Das Senden von Dateien und die Benutzung einer Webcam wurden in der Kids-Fassung unterbunden. Dadurch ist der Messenger frei von für Kinder nicht geeigneten Inhalten.

Eine integrierte **Notfall**-Schaltfläche sendet bei Betätigung durch Ihr Kind das Gesprächsprotokoll per Mail sofort an Sie und einen 24-Stunden-Dienst der Johanniter e.V „Seelsorge“, der sich bei größeren Schwierigkeiten einschaltet.

Außerdem gibt es hier aktuelle Surftipps zu kinderfreundlichen Inhalten und Sicherheitstipps für Ihr Kind.

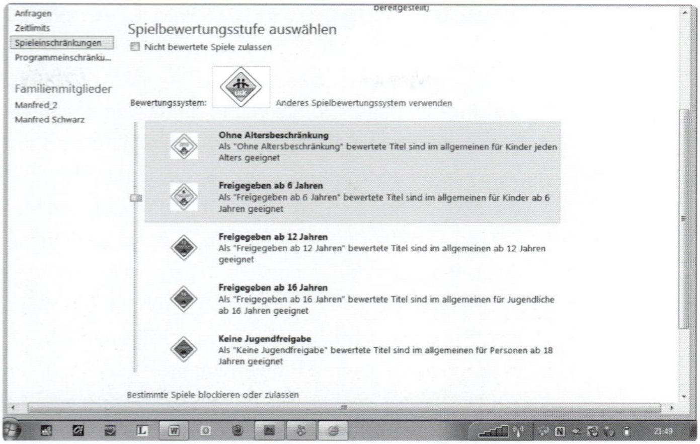

Bild 10.8 Den Zugriff auf PC-Spiele kontrollieren

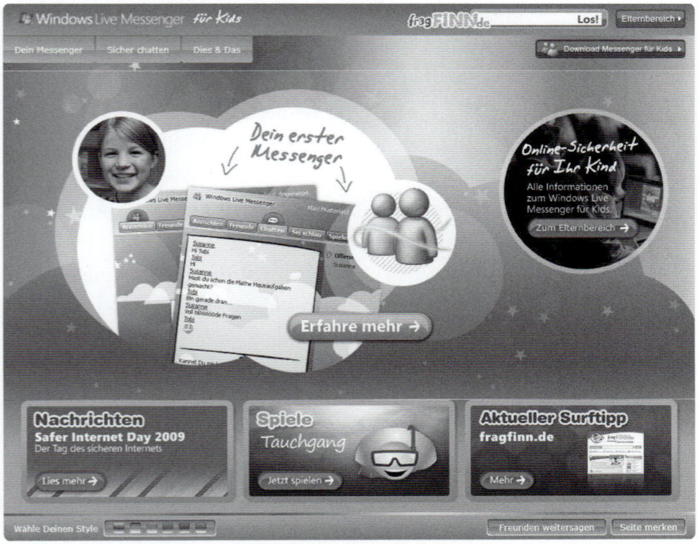

Bild 10.9 Der Windows Live Messenger für Kinder

Ideal für Blogger: Windows Live Writer

Ein Blog (oder auch Web-Log, aus englisch World Wide Web und Log für Logbuch) ist ein auf einer Website geführtes und damit – in der Regel öffentlich – einsehbares Tagebuch, in dem mindestens eine Person Aufzeichnungen führt, protokolliert oder Gedanken aufchreibt. Der „Schreiber“ heißt Web-Logger oder kurz Blogger.
Mit dem Windows Live Writer (ein Teil der Essentials) können Sie Blog-Beiträge ganz einfach erstellen und sehen, wie diese in der Online-Version aussehen, bevor Sie sie in Ihrem Blog veröffentlichen.
Die Einrichtung ist einfach, und Sie können Ihre Beiträge bei vielen Blog-Dienstanbietern WordPress, Blogger und TypePad veröffentlichen. Ihre Eingabe wird direkt angezeigt, sodass Sie sofort beim Erstellen sehen können, wie Ihr Blog-Beitrag aussehen wird.

Einrichten eines Blogs

Wenn Sie bereits über einen Blog verfügen, können Sie ihn einfach in Windows Live Writer einbinden. Folgen Sie den Anweisungen des Assistenten.

Im Folgenden gehen wir vom Szenario aus, dass Sie noch keinen Blog haben. Sie können in Windows Live Writer mit nur wenigen Schritten schnell und unkompliziert mehrere Blogs einrichten. Writer kann mit vielen beliebten Blog-Dienstanbietern verwendet werden. Im Beispiel wählen wir WordPress.com. Deshalb werden Sie bei den folgenden Schritten auch kurz Live Writer verlassen und zur WordPress-Website wechseln.

1. Rufen Sie das Programm über **Start** > **Alle Programme** > **Windows Live** > **Windows Live Writer** auf.
2. Folgen Sie dem Assistenten zum Konfigurieren des Programms.
3. Erstellen Sie im weiteren Verlauf einen neuen Blog bei WordPress.com.
4. Folgen Sie weiter den Eingabeaufforderungen, und registrieren Sie sich bei WordPress.com. Danach ist Ihr Blog bereit.
5. Kehren Sie nun über den Link (Bild 10.10) zu Windows Live Writer zurück.
6. Gestatten Sie den Zugriff von **de.wordpress.com** auf Ihren PC durch Klick auf **Zulassen**.
7. Fügen Sie ein Blog-Konto hinzu (Bild 10.11), und geben Sie als Blog-Typ „WordPress.com“ an.
8. Geben Sie die Blog-Adresse ein (Bild 10.12).

9. Laden Sie ein Blog-Design herunter. Sobald der Blog heruntergeladen wurde, können Sie einem Spitznamen vergeben.
10. Verbinden Sie WordPress.com mit Windows Live (Bild 10.13).
11. Anschließend können Sie den ersten Beitrag verfassen (Bild 10.14).
12. Klicken Sie auf **Veröffentlichen**, um ihn auf Ihren Blog zu posten (Bild 10.15).

Viele Möglichkeiten

Zuerst sollten Sie der besseren Lesbarkeit und Übersicht wegen Ihren Beiträgen Beitragstitel vergeben.

Wenn Sie Ihren Text im Beitragsfenster eingetippt haben, können Sie ihn formatieren. Verwenden Sie hierfür im Menüband die entsprechenden Befehle wie zum Beispiel für Schriftart und Absatz.

Mithilfe der Optionen in der Gruppe **HTML-Formate** können Sie Überschriften erstellen.

Mehr „Leben" bringen Sie in Ihre Blog-Beiträge, wenn Sie

Bild 10.10 Der Blog ist samt Adresse auf WordPress eingerichtet

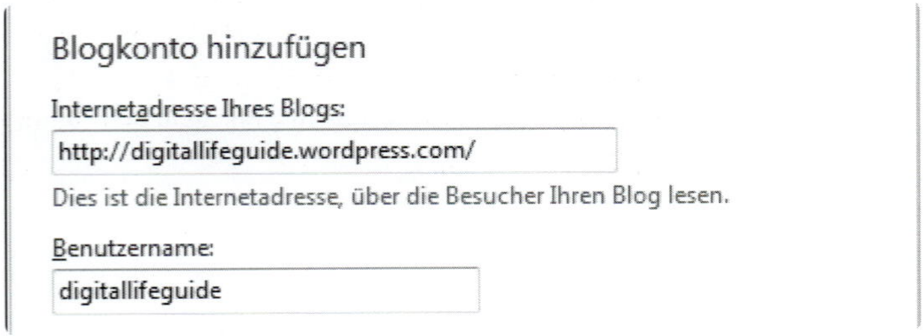

Bild 10.11 Windows Live Writer konfigurieren

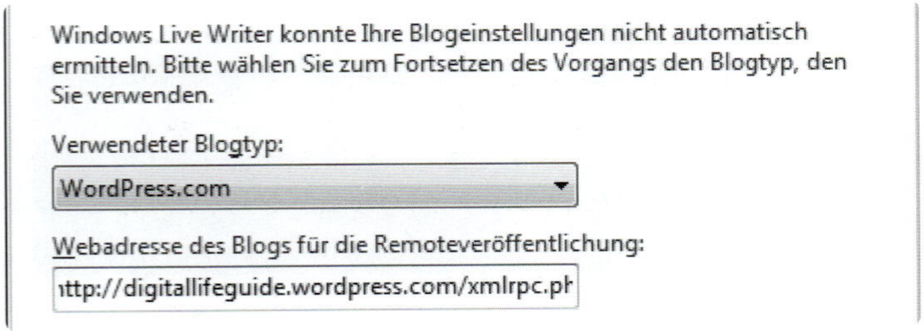

Bild 10.12 Wichtig: die Webadresse des Blogs

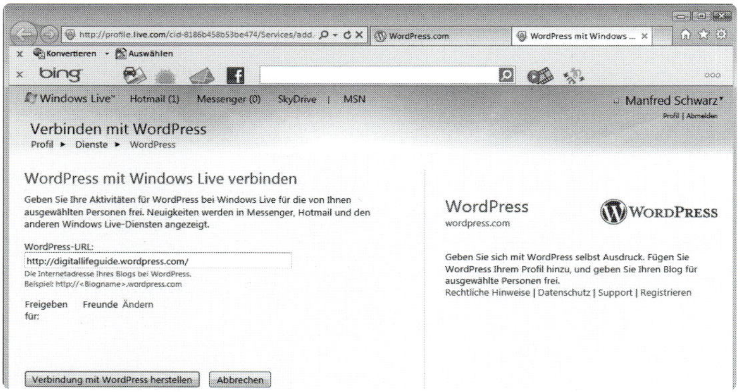

Bild 10.13 Den WordPress-Blog mit Live Writer verknüpfen

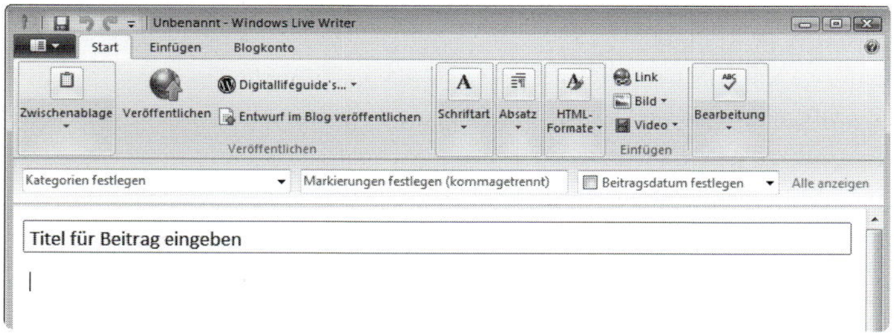

Bild 10.14 Den ersten Beitrag schreiben

Bild 10.15 Der fertige Blog

Videos und Fotos hinzufügen. Klicken Sie im oberen Menüpunkt **Einfügen** auf **Bild**, und wählen Sie danach ein einzelnes Bild aus Ihrem Computer, dem Internet oder eine Miniaturbildansicht aus einem Album auf SkyDrive, um es Ihrem Blog hinzuzufügen. Nachdem Sie die Bilder ausgewählt haben, die Sie hinzufügen möchten, werden sie in Ihrem Beitrag angezeigt.

Sie können auch einen Link von einem Videodienst wie YouTube einfügen, um automatisch eine Vorschau im Beitrag anzuzeigen. Oder klicken Sie auf die Registerkarte **Einfügen**, um Emoticons, Karten und mehr einzufügen. Live Writer kann hervorragend mit anderen Programmen wie Bing Maps verwendet werden. Sie können eine Bing Map in Ihrem Blog-Beitrag einfügen, um einen Ort anzuzeigen.

Klicken Sie auf die Registerkarte **Einfügen** und dann auf **Karte**. Geben Sie im Feld **Ort suchen** eine Adresse oder einen Ort ein, und drücken Sie dann die **Enter**-Taste. Klicken Sie auf die Dropdown-Liste, klicken Sie auf **Straße**, **Luftansicht** oder **Vogelperspektive**, und klicken Sie dann auf **Einfügen** (Bild 10.16)

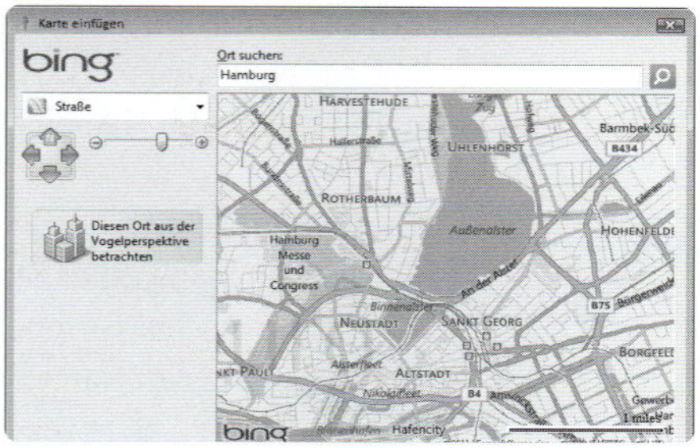

Bild 10.16 Bing-Karten im Blog integrieren

Windows Live Gruppen

Ein wenig versteckt bietet Ihnen Windows Live eine weitere interessante Option: Windows Live Gruppen. Sie können sie kostenlos ins Leben rufen, um sich mit Ihren Freunden und Bekannten auszutauschen.

Solch eine Gruppe ist für alle nützlich, die mit anderen zusammenarbeiten und nicht über ein lokales Netzwerk verbunden sind. Das betrifft zum Beispiel Studenten, Berufskollegen, Freunde oder die Familie.

So werden heute viele Seminar-, Bachelor- und Masterarbeiten nicht mehr von einem Studenten alleine, sondern in Gruppen erstellt. Statt Office-Dokumente per Mail hin- und herzuschicken, ist es besser, alle Dokumente in einer Windows Live Gruppe, also deren SkyDrive, zu hinterlegen. So haben alle Team-Mitglieder jederzeit Zugriff auf dieselbe Version der Dokumente und vermeiden die Gefahr, dass jeder eine andere Version auf seinem Rechner hat. Auch für das Überarbeiten und Korrekturlesen von mehreren Personen bietet sich eine Windows Live Gruppe an.

Ein anderes Anwendungsbeispiel ist die Zusammenarbeit bei Aktivitäten eines Vereins. Auch hier gilt es, Projekte oder Planungen gemeinsam zu bearbeiten. Sofern es dafür kein eigenes Netzwerk gibt, können alle Mitglieder über die Windows Live Gruppe zusammengebracht werden – auch aus der Ferne, ein Internet-Zugang genügt. Der Gruppenkalender ist für alle nutzbar.

Oder denken Sie an den Austausch innerhalb der Famile, etwa wenn ein Kind durch ein Auslandsschuljahr nicht zu Hause ist und ein anderes an einem anderen Ort studiert. In einer familieneigenen Windows Live Gruppe können Familiennachrichten an alle weitergegeben werden und Termine geplant werden. Und es können Urlaubsbilder ausgetauscht und gemeinsame Termine und vieles mehr geplant und abgestimmt werden.

Auch wer eine Website oder einen Blog betreibt und keinen eigenen Server besitzt, kann über eine Windows Live Gruppe und deren SkyDrive Downloads für Besucher und Leser bereitstellen. Denn Windows Live Gruppen verfügen via SkyDrive über 25 GB Speicherplatz.

Eine Gruppe einrichten

Mit ein paar Mausklicks können Sie eine Windows Live Gruppe anlegen. Beachten Sie dabei, dass beim Namen keine Umlaute möglich sind.

1. Loggen Sie sich bei Windows Live ein.
2. Im Menüband unter **SkyDrive** wählen Sie den Eintrag **Gruppen** aus (Bild 10.17).
3. Klicken Sie auf **Gruppe erstellen** (Bild 10.18).
4. Geben Sie den Namen für die Gruppe ein (Bild 10.19)).
5. Klicken Sie auf **Personen einladen**, und geben Sie anschließend eine E-Mail-Adresse oder einen Namen ein (Bild 10.20).
6. Klicken Sie auf **Senden**.
7. Sie bekommen eine Mail, dass Sie Ihre Gruppe eingerichtet haben.

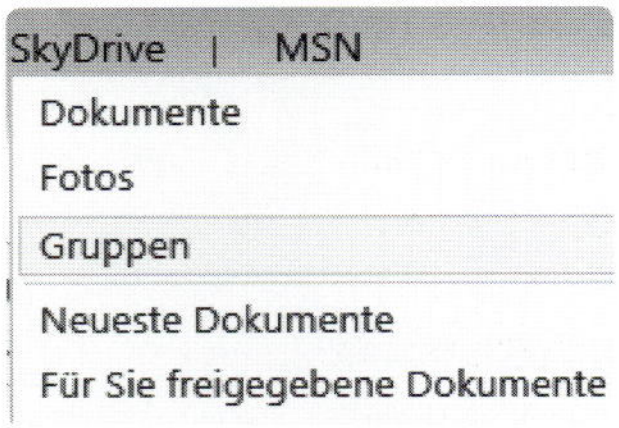

Bild 10.17 Zugriff auf Gruppen

Das eingeladene Mitglied erhält eine Mitteilung in seinem Bereich **Gruppen**. Wenn es Ihrer Gruppe beitreten möchte, klickt er auf **Einladung anzeigen** und dann auf **Teilnehmen**. Sobald er angenommen hat, sehen Sie dies auf Ihrer Windows-Live-Seite unter **SkyDrive** > **Gruppen**.

Bild 10.18 Gruppe einrichten

Jede Menge Möglichkeiten für Gruppen

Vielleicht richten Sie eine Gruppe erst einmal testweise mit nur wenigen Mitgliedern ein, um ein wenig mit den vielen Möglichkeiten für Windows Live Gruppen zu experimentieren. Dazu zählen:

Messenger Integration: Ihre Gruppe ist mit allen Mitgliedern im Messenger integriert. So bleiben Sie in Kontakt und chatten mit allen Mitgliedern.

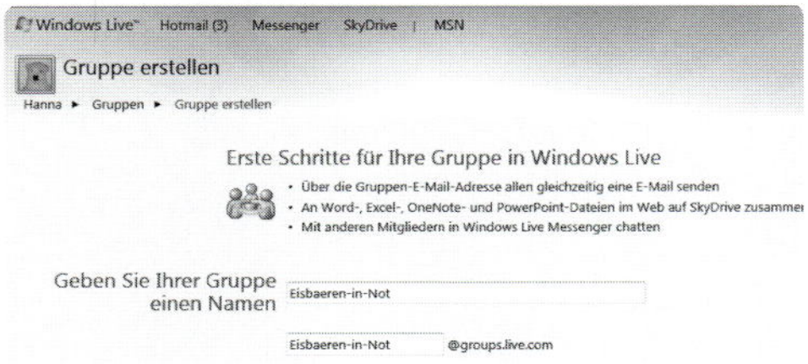

Bild 10.19 Gruppenname festlegen

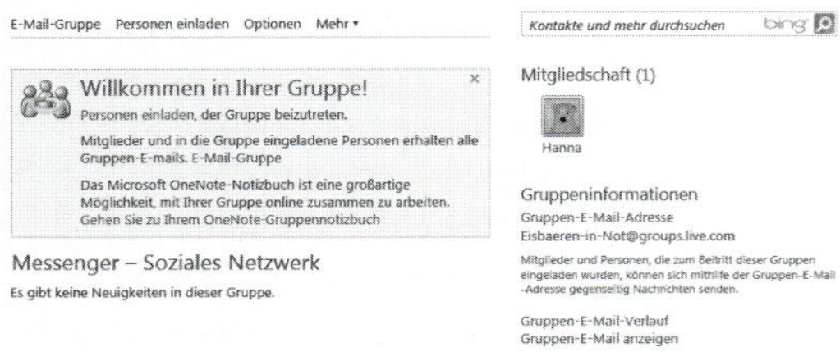

Bild 10.20 Personen in die Gruppe einladen

Gemeinsamer Kalender: Sie können auf einen Kalender zugreifen und dort Termine für Ihre Freunde eintragen.

Gemeinsamer Gruppenordner: Sie können Dokumente für die Gruppe hochladen (Bild 10.21) und auf einen gemeinsamen Ordner zugreifen.

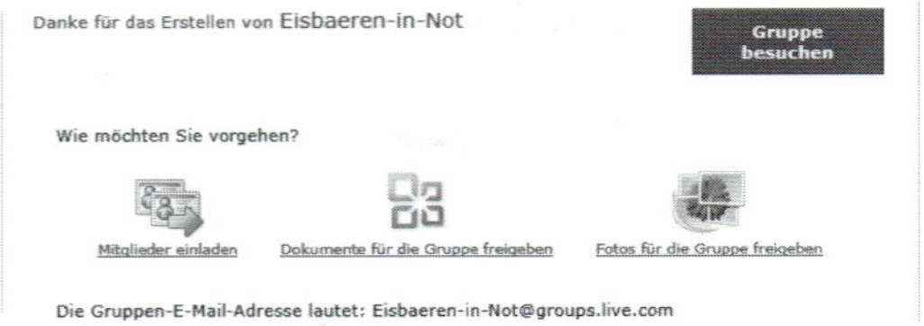

Bild 10.21 Bereit für die Arbeit in der Gruppe

Diskussionen: Sie können auf dem **Board**, auf dem alle Kommentare der Gruppenmitglieder angezeigt werden, diskutieren.

Gruppen-E-Mail-Funktion: Alle E-Mail-Adressen der Mitglieder werden im Adressbuch direkt in der Gruppe integriert. Sie können eine E-Mail an die ganze Gruppe schicken.

Zusammenarbeit: Teilen Sie Fotos, Dokumente und Ideen auf SkyDrive und arbeiten Sie mit den anderen Mitgliedern zusammen.

Viel Spaß beim Cloud-Computing!

Dieses Buch ist nun beendet, aber für Sie geht es weiter mit Cloud-Computing. Wir hoffen, Sie haben einen Eindruck von den Möglichkeiten bekommen.
Die Welt des Cloud-Computing wird in Zukunft sicher immer wieder Neues bringen. Schauen Sie immer wieder mal vorbei bei Windows Live im Web. Dort finden Sie sicher immer wieder neue Möglichkeiten, etwa den **Bing Translator**. mit dem Sie Texte übersetzen lassen können.
Wir würden uns freuen, Sie auch bei Ihren anderen Projekten rund um den Computer mit dem einen oder anderen **DIGITAL*lifeguide*** zu unterstützen.
Genauso empfehlen wir Ihnen, auch einmal im **DIGITAL*lifeguide***-Blog vorbeizuschauen. Sie finden ihn im Web unter **www.digital-lifeguide.de**. Schauen Sie doch mal rein!

Glossar

Add-on: Zusatzprogramm, das in ein anderes Programm integriert wird und dieses um spezielle Funktionen erweitert. Viele Add-ons gibt es zum Beispiel für Browser, Office-Programme oder Grafikprogramme.

Bibliothek: Zusammenfassung bestimmter Dateitypen bzw. Dateien wie zum Beispiel Bilder unter Windows 7. Die Dateien können dabei in ganz unterschiedlichen Ordnern liegen und werden als zentrale Sammlung angezeigt.

Blog, Blogger, bloggen: Als Blog (Abk. für Weblog, also Web-Logbuch) bezeichnet man Webseiten, auf denen Personen (Blogger) ein öffentliches Journal bzw. Tagebuch mit eigenen Beiträgen, Kommentaren etc. schreiben (bloggen). Blogs reichen thematisch vom Allgemeinen (das Leben) bis zum sehr Speziellen (Technik, einzelne Branchen) und können neben Text auch Fotos, Videos etc. beinhalten.

Browser-basiert: Dienste und Funktionen, die nicht durch lokal installierte Software, sondern von einer Webseite im Browser-Fenster bereitgestellt werden.

Chat, chatten: Der Austausch kurzer Textnachrichten über das Internet in Echtzeit. Zudem gibt es Video-Chats.

Cloud: Cloud-Computing („Rechnen in der Wolke") bezeichnet Dienste, die in einem Netzwerk, zum Beispiel im Internet, zur Verfügung gestellt werden. Solche Dienste können Anwendungsfunktionen sein, etwa Office-Funktionen wie Textverarbeitung, oder auch die Nutzung von Speicherplatz wie bei einer Online-Festplatte.

CSV: Das Dateiformat beschreibt den Aufbau einer Textdatei zur Speicherung und zum Austausch strukturierter Daten und kann unter anderem auch von Microsoft Excel genutzt werden.

Dienst: Dienste, englisch „Services", sind Funktionen, die zum Beispiel über das Internet anderen Programmen auf der Nutzerseite zur Verfügung gestellt werden.

Echtzeit: Echtzeit-Prozesse laufen ohne Verzögerung ab. Diese Verwendung des Begriffes ist aus Sicht der Informatik nicht ganz richtig, hat sich aber im Internet allgemein durchgesetzt.

Gruppe: Von Privatpersonen gegründete Plattform innerhalb eines sozialen Netzwerk, die dem Austausch von Meinungen zu einem bestimmten Thema dient.

https: Hypertext Transfer Protocol Secure; Übertragungsstandard für Internet-Daten, erweitert um Verschlüsselungstechniken, die das Lesen oder Manipulieren der Daten durch Dritte verhindern.

iCal: Dateiendung des Standardformats für Kalenderdaten iCalendar sowie Bezeichnung des auf Mac OS vorinstallierten Terminverwaltungsprogramms.

IMAP: Abkürzung für „Internet Message Access Protocol"; dient der Verwaltung von E-Mails auf dem Server des E-Mail-Providers, Weiterentwicklung von POP3.

Instant Messaging (IM): Beim Instant Messaging (Nachrichtensofortversand) unterhalten sich zwei oder mehr Teilnehmer per Chat. Durch das eingesetzte Push-Verfahren landen neue Beiträge sofort beim Empfänger.

JPEG: Das JPEG-Format (auch JPG genannt) wird bevorzugt im Internet eingesetzt, wenn es um Grafiken mit vielen Farben geht, wie zum Beispiel Fotografien. Bei der Speicherung im JPEG-Format werden verschiedene Komprimierungsstufen angeboten, sodass die Dateigröße auf Kosten der Bildqualität verringert werden kann.

Junk-Mail: Outlook-spezifische Bezeichnung für Spam-Mails, vom englischen „Junk“ („Abfall“) abgeleitet.

Kommentar: Mit einem Kommentar reagieren Facebook-Mitglieder auf Postings anderer Mitglieder. Durch die Verwendung der Kommentarfunktion bleiben längere Unterhaltungen nachvollziehbar.

Kompression/Komprimierung: Die meisten Audioformate nutzen eine Kompression, um den für eine Musikdatei benötigten Speicherplatz im Vergleich zum Original (CD) zu verringern. Bei der verlustbehafteten Kompression werden für Menschen nicht hörbare Bestandteile der Musik entfernt. Bei der verlustfreien Kompression werden Daten hingegen „zusammengefasst“, aber nicht entfernt.

Login / Logout: An- bzw. Abmeldevorgang bei Computer-Systemen, auch die Bildschirmmaske zur Eingabe von Benutzername und Passwort.

Mac OS: Betriebssystem von Apple für Macintosh-Computer. Die aktuelle Version ist Mac OS X.

Online-Festplatte: Ein häufig genutzter Dienst im „Cloud Computing, bei dem Festplatten-Speicherkapazität online zur Verfügung gestellt und genutzt wird.

POP3: Abkürzung für „Post Office Protocol, Version 3“, im Unterschied zu IMAP werden E-Mails mit diesem Protokoll vom Mail-Server abgeholt um dann lokal, auf dem Rechner des Nutzers, verwaltet zu werden.

Post, Posten: Jeder Beitrag (Text, Video, Link etc.) in einem Social Network ist ein Post. Meist wird der Begriff jedoch für Beiträge verwendet, die sich nicht auf einen vorhergehenden Beitrag beziehen (siehe Kommentar). Das Einstellen eines Beitrags wird posten genannt.

Profil: In den meisten sozialen Netzwerken hat jedes Mitglied ein Profil, eine Seite mit persönlichen Informationen, die für alle oder nur bestimmte Mitglieder öffentlich ist.

Remote: Aus der Ferne, Fernsteuerung.

Signatur: Im Fußbereich einer Mail angefügte Daten zum Absender.

SMTP: „Simple Mail Transfer Protocol“; Standard für das Senden von E-Mails vom Absender über dessen Mail-Server an den Empfänger.

Social Network: Soziales Netzwerk; mehr oder weniger geschlossene Gruppe von Internet-Nutzern, die über bestimmte Dienste persönliche Profile online stellen und mit anderen Nutzern kommunizieren.

SSL: Das Verschlüsselungsverfahren für TCP-Verbindungen Secure Socket Layer ermöglicht, dass sich Client und Server gegenseitig authentifizieren können. Protokolle höherer Ebenen wie HTTP müssen dafür nicht geändert werden, sondern nutzen einfach SSL.

Status, Statusmeldung: In den meisten sozialen Netzwerken heißen die Standardnachrichten der Mitglieder Statusmeldungen. Damit informiert man zum Beispiel über Urlaub, Arbeitsplatzwechsel, aber auch über aktuelle Aktivitäten etc.

Synchronisation: Abgleichen von Daten zwischen verschiedenen Online-Diensten, Programmen, Geräten wie PC und Smartphone oder Datenspeichern bzw. Ordnern.

Teilen: Der zum Beispiel bei Facebook übliche Begriff für das Veröffentlichen von Beiträgen.

Upload: Das Hochladen von Dateien vom Anwender zu einem Empfänger.

vCard: Elektronische Visitenkarte, ein Standardformat zum Austausch von Kontaktdaten zum Beispiel zwischen E-Mail-Programmen durch Dateianhänge im vCard-Format.

Videoformat: Gibt an, in welchem Verfahren ein Video digital gespeichert wurde. Je nach Format wird das Video unkomprimiert oder platzsparend komprimiert gespeichert.

Webmail: Online-Dienste, die von E-Mail-Anbietern bereitgestellt werden und einen Zugriff auf E-Mail-Postfächer über entsprechende Internetseiten mit einem Browser ermöglichen.

Windows Phone 7: Das aktuelle Smartphone-Betriebssystem von Microsoft, Nachfolger von Windows Mobile.

Zip: Vom englischen „Zipper“ („Reißverschluss“) abgeleitete Bezeichnung für ein Dateiformat, in dem Daten komprimiert, das heißt mit reduziertem Speicherbedarf, gespeichert werden können. Ein Zip-Archiv (oder „Container“) kann viele Dateien oder auch Verzeichnisse enthalten.

Index

A

Abspann 93, 100, 108
Adressbuch 45
An (Empfänger) 45
Angemeldet bleiben 38
Animationen 99
Animoticons 74
Anlage 49
Anmelden 27
Ansicht 47
Antiviren-Software 15
Antworten 46
AOL Mail 42
Arbeitsmappe 134
Audio 65, 93, 96
Ausrichtung 46
AutoFilm-Design 92, 106
Automatisch anpassen 79

B

Backup 14
Belichtung anpassen 81
Benachrichtigung 65
Berechtigung 33, **36**, 84
Bildbearbeitung 79
Bilder 133
Bildschirmpräsentation 137, 141
Bildtitel 90, 93
Bing 22, 50
Bing Bar 21, 22
Blog 150
Buddy-Scout 24

C

Chat 49, 64
Clip 96
Cloud-Computing 8
Cloud Desktop 38
CSV-Datei 44

D

Datei hochladen 33
Datei senden 71
Datenschutz 13, 27, 29, 72
Datensicherung 14, 113
Details anpassen 81
Diagramm 135
Diashow 92, 105
Dokumente 31, 49, 122
DSL 9, 14
DVD 110
Dynamische Anzeige 74

E

Effekt 93
Eigene Dateien 34
Eigener Name 29
Einladen 43, 56, 66, 84
E-Mail 40, 79, 103
E-Mail-Konto 41, 125
Emoticons 74
Empfänger 45
Erinnerung 55, 58
Excel 11, 128, 134
Exportieren 103, 109

F

Facebook 10, 43, 65, 72, 93, 123
Family Safety-Filter 143
Family Safety-Website 143
Farbe anpassen 81
Favorit 66
Feed 29
Feiertage 58
Fernwartung 119
Filtern 52
Flickr 10, 29, 87
Folien-Design 136
Foren 24
Formatierung 133
Formatvorlage 133
Fotos 31, 49, 70
Foto ausrichten 81
Fotogalerie 10, 17, 105
Foto-Sharing 78
Frame 95
Freigabe 14, **61**, 71, 83
Freigabeberechtigung 36
Freigabeverwaltung 31
Freunde 33, 43, 66
Funktion 135

G

Geburtstagskalender 57
Geomarkierung 90
Gesichtserkennung 79, 89
Google Kalender 59
Google Mail 42
Gruppen 153
Gruppen-Chat 69
Gruppen-Funktion 65
Gruppenseiten 79

H

Handy 123, 140
HD 93
Hilfe 23
Hochladen 79
Hotmail 17, 18, 40, 65, 124, 125
Hotmail-Gruß 47
HTML5 33
HTTP 42
Hyperlink 133

I

iCal 59
ICS-Datei 59
IMAP 42, 51
Importieren 44, 52, 59, 80, 93, 97
Im Web speichern 130
Installation 19, 21
Internet Explorer 9 15, 21, 117
iPhone 126

J

Junk-E-Mail 48

K

Kalendererinnerung 58
Kennwort 15, 27
Kinderschutz 17
Kompaktansicht 76
Kontakte 43, **65**, 123
Kosten 12

L

Leseansicht 132
Lesebereich 47
Link 86
LinkedIn 43
Live Essentials 19
Live ID 15, 26
Live Mail 17, 50
Login 28, 41

M

Mac 10, 19
Mail 40
Mail schreiben 45
Mail-Konto 41
Markieren 35, 89
Mehrere Kalender 58
Mein Handy finden 126
Message Faces für Internet Explorer 21
Messenger 11, 17, 29, 49, 58, 64, 124, 126
Messenger Companion 22
Microsoft Office 117, 129
Monatsansicht 55

Movie Maker 11, 17, 92
Mozilla 59
Musik 106
Musiktools 108

N
Nachrichtentext 46
Notfall-Schaltfläche 149
Notizenbereich 137

O
Öffentlich 29
Öffentlicher Kalender 60
Office-Dokumente 31, 49, 122
Office Web Apps 11, 18, 128, 140
Offline-Sofortnachricht 65
OneNote 128, 138
Online-Aktivitäten 144
Online-Kalender 60
Online-Speicher 9, 31
Ordner 30, 33
Originaldatei 94
Outlook 43
Outlook Express 17

P
Panorama 91
Personen hinzufügen 43
Personenmarkierung 89
Persönlich gestalten 76
Photosynth 91
POP3 42
Postausgangs-Server 42
Posteingang 28, 55
Posteingangs-Server 42
Posten 151
PowerPoint 11, 128, 136
Privatsphäre 13
Profil 28, 66, 74
Programmeinstellungen 117
Provider 42

Q
QR-Code 6

R
Rechnen 135
Rechtschreibprüfung 46, 133
Remote-Verbindung 117
Retuschieren 79

S
Schneiden 97
Schnellansicht 49
Schneller Zugriff 37
Schrift 46
Seitenverhältnis 106
Senden 45, 71
Sicherheit 13, 15
Signatur 46
SkyDrive 10, 18, 26, 28, 31, 83, **114**, 123, 128
SmartArt 136
Smartphone 10, 122, 126
SMS 58, 64
Sofortnachricht 65, 68
Sortieren 52
Soziale Netzwerke 10, 43, 71, 123
Spam 48
Speicherplatz 31
Spiele 73
Spieleinschränkung 148
SSL 13, 118
Standard-Browser 22
Standard-Schriftart 46
Statusmeldung 65, 77
Storyboard 93
Suchfeld 53
Suchmaschine 22
Synchronisierung 14, 31, 113
Systemanforderungen 18

T
Tabellen 133
Tagesansicht 55
Taskleiste 37
Teilen 98
Termine 55, 123
Texttools 100
Titel 93, 100
Trimmen 97
Tutorials 24

U
Übergang 93, 99
Übertragungskontrolle 31
Unterhaltung 65, 68
Unterhaltungssoftware Selbstkontrolle (USK) 148
URL 86

V
Veröffentlichen 83, 88, 151
Verschlüsselung 13, 31
Video 11, 74, 92
Videotools 95
Videounterhaltung 68
Vollbildansicht 76
Vorspann 108

W
Web Apps 11
Webcam 75
Webmessenger 28, 127
Wiederherstellen 113
Windows Live Devices 115
Windows Live Essentials 16
Windows Live Family Safety 17, 142
Windows Live for mobile 122
Windows Live Fotogalerie 10, 17, 78, 105
Windows Live Gruppen 153
Windows Live Hotmail 18, 40
Windows Live ID 15, 26
Windows Live Kalender 54
Windows Live Mail 17, 40, 50
Windows Live Mesh 11, 17, 112
Windows Live Messenger 11, 17, 49, 64
Windows Live Messenger für Kids 149
Windows Live Movie Maker 11, 17, 92
Windows Live Support 24
Windows Live Webmessenger 127
Windows Live Web Services 16
Windows Live Writer 17, 142, 150
Windows Phone 7 124
Wochenansicht 55
Word 11, 128, 129
WordPress 150

Y
Yahoo! Mail 42
YouTube 11, 93

Z
Zahlenformate 135
Zeitlimits 147
Zeitmarke 96
Zeitzone 28
Zip-Datei 35
Zugriff gewähren 36

IMPRESSUM

Bildnachweis: Johannes Groht (S. 31, S. 69, S. 76); Sven Vogel (S. 34, S. 68, S. 69, S. 72, S. 89, S. 90, S. 95, S. 97, S. 98, S. 99, S. 100, S. 103, S. 104, S. 105, S. 107); Bill Watterson (S. 119, S. 144, S. 145).
Bei allen übrigen Bildelementen handelt es sich um Fotos des Autors oder Bildschirmabnahmen (Screenshots), die von Programmen und Webseiten stammen und hier ausschließlich redaktionell verwendet werden.

Bibliografische Information der Deutschen Nationalbibliothek: Die Deutsche Nationalbibliothek verzeichnet diese Publikation in der Deutschen Nationalbibliografie; detaillierte bibliografische Daten sind im Internet über die Adresse **http://dnb.d-nb.de** abrufbar.

Lektorat: Margarete Metzger
Herstellung und Layout: Stefanie König
Umschlagkonzept: Götz Schmidt
Umschlagrealisation: Stephan Rönigk
Druck und Bindung: Kösel, Krugzell
Printed in Germany
ISBN 978-3-446-42795-2
www.hanser.de/digitallifeguide